港埠概論

Introduction to Harbor Management

第二版

方信雄 著

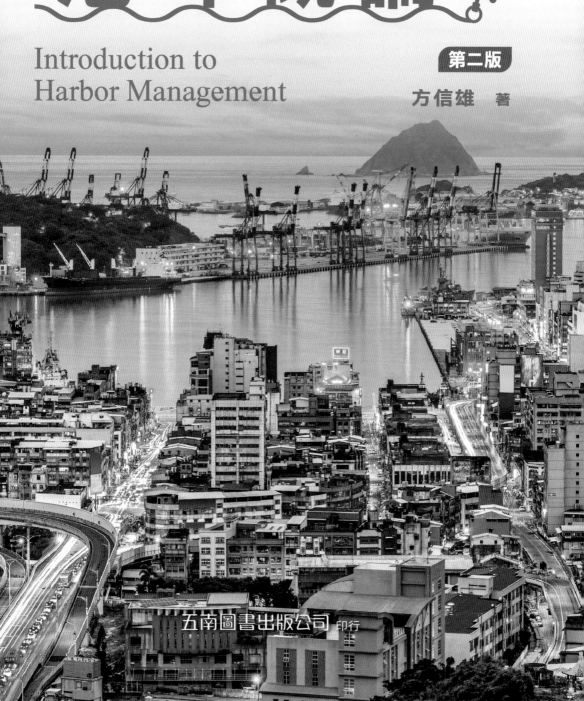

五南圖書出版公司 印行

自序

筆者自民國 87 年結束二十五年漫長海上生涯，經國家考試及格分發至基隆港擔任引水人，輾轉二十年已過，回顧過往幾乎每日與船爲伍，以港爲家，因而對於生於斯、長於斯的基隆港有著特殊情感。

四十五年來，筆者從一介水手到船長，進而到執業引水人的人生歷練，其間歷經基隆港自繁盛到衰頹的過程，加諸近二十年來引領不同國籍的各種船舶進出港口已達一萬五千艘次之多，故而對於港口的實務運作與管理，累積不少實務經驗與體認。有幸於民國一〇五年經海洋大學運輸科學系張玉君教授引進至該系兼任授課，並講授「港埠概論」課程，授課三年之後，有感於運輸系同學整理授課講義的不便，特在公餘動筆撰寫針對運輸系同學學程設計的教科書，期以增進同學的學習效能。

撰寫期間，承蒙運輸系前主任張玉君教授、海運學院桑國忠院長與系主任林振榮教授鼎力協助指導，另蒙蘇愛琦小姐費心協助校稿，特此致謝。

目錄

自　序

第一章　港口的定義

1.1 港口的定義

　　傳統上，國人對於船舶灣靠或停泊的處所，不是稱為「港口」，就是「港埠」。依據國語辭典，「港」指江海的口岸；可通舟楫的支流。「埠」則指通商口岸之意，顯然「埠」較著重於陸岸端的商業活動意涵。準此，「港口」意指單純地讓船舶停泊的場所；至於「埠」則係因船舶來往所帶來的商貿活動而形成的。但時至今日，港口除具備公益民生的本質外，無不以商貿活動為首務，所謂「無港不成埠」，故而一般皆以「港口」名之，即將「埠」納入「港口」的意涵。

　　另一方面，遠古時代不同國度與區域的人類為謀生圖存常用以物易物（Barter economy）、互通有無的方式進行交易，而交易的第一所在即是各型船舶可以川航與泊靠的沿海或江河口岸，又因為幾乎所有的交易都具實質商業意義，故而前述涉及域外通商船舶進出的口岸每以商港（Commercial harbor）名之。十五世紀以來，航運的蓬勃發展，改變了人類社會、經濟方式與文化發展。技術上，區域與洲際間的商業與經濟需求，通常藉由海上運輸滿足之，即需經由作為運輸工具（載具：Carrier）的船舶使之相互連結，進而促使港埠成為海上運輸的起始與終端點站。因此港埠不僅是運輸鏈中最重要

環節，更是國家運輸基礎建設的最重要區塊與經貿興衰的指標之一。

　　如同前述，商港係指通商船舶出入之港，亦謂貿易之港，爲供應國內、外商業用船舶出入之港口（Harbor），是水陸運輸銜接的門戶基地、國際貿易之樞紐、船舶繫留的處所，乃至客、貨集散之輻輳地。

　　又依據我國商港法（中華民國 100 年 12 月 28 日）第三條第一項定義：「商港：指通商船舶出入之港。」。除此之外，最重要的是，對多數貿易國而言，港口爲其與貿易對手國的主要運輸環節，亦成爲公路與鐵路系統的聚匯點。

> **港口是水陸運輸銜接的門戶，更是一個國家運輸基礎建設的最重要面向。**

> 　It is important to keep in mind that ports should be considered as one of the most vital aspects of a national transport infrastructure. For most trading nations they are the main transport link with their trading partners and thus a focal point for motorways and railway systems.

　　與此同時，港埠亦係國家繁榮的主要經濟倍增器（Economic multiplier），以及以銀行、船務代理行（Shipping Agent）與企業活動等模式展現的商業基礎建設（Commercial infrastructure）。港埠同時也應被視爲海上運輸安全管理的最重要方向之一，因爲它們通常位處淺水區與交通輻輳水域，故而是海上事故最易發生的場所。尤其在港口及終端站附近發生的事故常會招致不幸的社會生態影響（Disastrous ecological consequences），以及數目眾多的人員傷亡。除此之外，港

口每因港區額外成本與延遲的發生成為導致成本大增的作業場域。

任何在港口產生的額外與延遲費用都會影響運輸成本。

The port is the place where most costs are incurred because much of the extra cost and delay occurs in ports (International Labour Office and International Maritime Organization, 2004.)

再者，港口作為運輸鏈的樞紐（Node；節點）與轉運集散中心（Hub；樞紐、中心、焦點），其重要性不僅止於提供貨物移動的暢通，更有藉其推動的功能，進而激勵此等活動所屬區域的經濟發展之無可替代性（Brooks & Cullinane, 2006）。

港口作為運輸的節點，不僅可促進貨物的流通，更具有激勵周邊區域經濟發展的無可替代性。

Port as a transportation node is not only important for the fluidity（流動性）of cargo movements but also irreplaceable for regional economic development by its motivational（刺激的、動力的）function to encourage these movements.

談及運輸鏈的樞紐，近幾十年來吾人每於國家重大經建政策上聞及政府欲在何處開闢國際轉運中心或樞紐站，但幾無成功者。事實上，無論港口或機場欲成為轉運集散中心必須具備下列功能：

一、利益或活動中心（A center of activity or interest）；

二、可提供多項服務與聯外旅程的機場，火車站，公車客運站等（An airport, railway station, bus station, etc from which many services operate and connecting journeys can be made）；

三、轉運站或樞紐海港（機場）是一個大型海港，您可以從那裡前往許多其他海港（機場）（A hub or a hub seaport (airport) is a large seaport from which you can travel to many other seaports airports）。

　　顯然，欲造就一個國際級的轉運中心，需要政治、經濟、貿易、地理、技術上的內外在條件配合才能成事，而非如政治人物動輒倡議臺灣地理位置適當，故而可發展亞太運籌（轉運）中心，需知如果國內經濟衰頹，致進、出口貨運量不足，加諸鄰近港口具競爭優勢，尤其國外又有強權壓抑，試問有何航商願意將所屬船隻配置到臺灣？

　　另一方面，隨著時代的演進，港口不再只是單純地滿足其所在地，以及腹地（Hinterland）的運輸需求，當前港口已成為物流網路鏈中整合生產要素與後續轉運功能的平台。另一方面，透過港口帶來的人流，不僅讓港口成為展示國家經建發展的櫥窗，更可為港口及其腹地帶來不同文化的交流。也因此港口營運不僅具營利性，更具公共服務性質。

　　又由於港口的興衰勢必會連帶影響到周邊城鎮的商業發展，有如蜘蛛網般地向外層層擴散，每一環節與層次都緊緊相扣，即從貨物卸船、集散配銷，乃至物流交通網路的每一過程與機制，都是不可或缺的，當然最重要的還是貴為輻輳（輻散）中心點的「港口」。

　　港口有天然地勢所形成者，或以人工修築而完成，其地可免外海風浪之侵襲，又得水陸交通聯絡之便利，堪作各種必要之利用。故港口之建設，藉以發展交通，增進貿易，實足以影響一國政治經濟之興衰，值此全球經濟競爭時代，一方則交通及貿易日益增加，一方則船隻噸位愈趨大型化，商業活動之控制無不與港口有重大關係，所以全球各沿海（河）國無不極力強化港口之建設及經營，以求國民經濟迅速發展。

　　至於國人常用以表達「港口」的英文，不外「Harbors」與「Ports」兩字，但卻經常混淆；其實，若從港口的形成過程來看，因天然因素，如天然地形地勢所構成者，稱爲「Harbor」。「Harbor」的定義爲可提供船舶遮風擋浪處，如海口、港、灣即是，並未強調商業活動。

　　反之，經由人工構築而成的港口多稱爲「Port」。「Port」的定義爲可供船舶裝、卸貨或上、下旅客的港口城市或鄉鎮，「Port」強

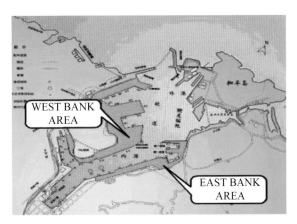

圖 1.1　典型天然港——基隆港；具良好天然屏障

圖 1.2　典型人工港──卡達新港；沙漠中築堤造港

調近於人群聚居的鄉鎮港口，因而商業活動的意涵較重。地理上，「Port」常含括於「Harbor」內。

　　此外，在歐美港口名常見「Haven」字根，此字如同德文的「Hafen」，故而歐洲多數港口名稱皆附有此字尾（suffix），如德國的不萊梅港即稱為 Bremerhaven。

　　此外，「Port」一詞的使用，除了上述的海港（Sea port）與空港（Airport）外，值得注意的是，在海運相關領域中，「Port」一詞的解釋常因場合而異，例如：

一、港口：沿海國的港口交通管制中心或公務船在執行公務時，常會詢問過往船舶的動態：「您的下一目的港口為何？」（What is your next port？）；又如埃及蘇伊士運河北端的塞得港，英文名稱就是 Port Said。

二、船舶的邊門（Side Port）：船舶舷邊用以上、下旅客或搬運物

品的邊門或開口（Opening）稱爲「邊門」。一艘大型船舶，特別是補給時間窗口（Supply time window）極短的郵輪，通常有數扇邊門，分布於船艏、船舯與近船艉處。因而港口作業人員基於船員上下、伙食補給、添補燃油等各種不同作業需求常會詢問船長：「您要開哪一個邊門？」（Which side port should be open？）；

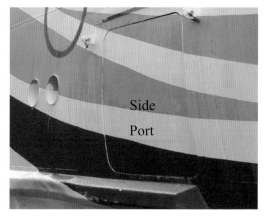

圖 1.3　船舶的邊門

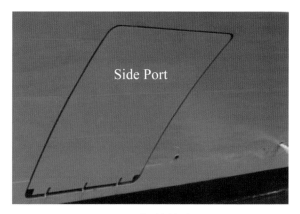

圖 1.4　船舶的邊門

三、船舶的左舷（面對船艏方向的左邊）：兩艘船舶在海上迎艏相遇
　　（Head-on situation）時，為避免碰撞，操船者常要詢問對方船
　　舶：「我們要採取左舷對左舷通過，還是右舷對右舷通過？」；
　　而船舶所謂的「左」或「右」舷，乃是指當吾人立於駕駛台面對
　　船艏方向的「左」或「右」側；「左」或「右」舷在航海專業上，
　　不採一般英文所說的「Left」或「Right」，而是使用傳統航海的
　　說法，即稱左舷為「Port side」，右舷為「Starboard side」。因
　　此兩艘船舶在海上企圖以左舷對左舷通過時，就必須及早明確
　　告訴對方：「I will passing port to port」，才不會誤導對方作出錯
　　誤判斷，進而發生碰撞事故。

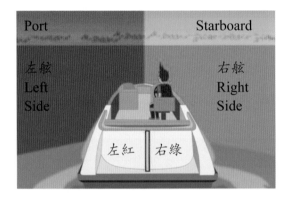

圖 1.5　船舶的左、右舷

　　再者，由於臺灣曾受日本殖民統治，因而港口的建構與管理系統
頗多傳承自日本。日文港灣（こうわん）一詞係從最早的「泊」（と
まり：停留的處所），演變至後來的「港・湊（みなと）」。然無論
港灣、港或湊，皆指經由海水長期侵蝕而形成之島嶼、海岬等天然地

勢，或是由防波堤等人工構造物築成，並藉以阻擋風、浪的侵襲，讓船舶得以安全停泊，進行旅客上、下與貨物裝、卸的海域，以及與其相連之陸地。

至於日文「みなと」一詞指「港（口）／湊（澳）」；其中「み」表示「水」（みず），「な」爲「の」的替代詞，屬格助詞，「と」則爲「門」的意思，故而「みなと」一詞，有「水之門戶；水戶（みと）」，亦即河川、大海等的水體出入口的意思。

「港口」在字義上的差異（**Difference Between Harbour and Port**）

1. **Harbor**

(1) A place of refuge, safety, etc.

(2) A protected inlet（海口、港、灣），or branch（支流）of a sea, lake, etc.

(3) A harbor or harbour, or haven, is a body of water where ships, ~~boats and~~ barges seek shelter from stormy weather, or are stored for future use.

2. **Port**

(1) A city or town with a harbor where ships can load and unload cargo.

(2) A port is a manmade facility built for loading and unloading vessels and dropping off and picking up passengers. Ports are often located in harbors.

3. **Haven**

(1) 同德文的「Hafen」；歐洲多數港口名稱皆附有此字尾。

(2) A port, harbor.

(3) Any sheltered, safe place refuge.

4. 港灣

(1) 海が陸地に入り込んだ地形を利用したり、防波堤を築いたりして、船舶が安全に停泊できるようにした所。

(2) 川・海などの水の出入り口。

5. 塴：指旁邊、附近之意，故而港口周邊遂稱為「港塴」。

1.2 港口的分類

　　港口之種類，可依其使用目的、地理之形勢、潮差結冰之程度、開發過程、銜接運輸模式、國家政策之運用與關貿模式之不同分成七類，茲分述如後：

一、依其使用目的之不同分類

1. 商港（Commercial harbor）：為供一般商輪繫泊，提供貨物裝、卸及旅客上、下服務之港口，應有良好之裝卸倉儲設備與旅客通關設施，為水陸運輸之樞紐、貿易交通之門戶，如基隆、臺中、高雄港。

2. **工業港**（Industrial harbor）：係專為工業提供服務之港埠，其輸入多為工業原料，輸出則為半成品或成品，港埠設施係按其輸入、輸出物資的特性及承運船舶之需求，而設置相應配置，如臺灣第一座民營煉油廠，也是臺灣第六套輕油裂解廠（簡稱六輕）所在地之雲林縣麥寮港，即是以原油、煉油、石化原料與產品為主要貨源。有別於國際商港由臺灣港務公司管理，我國的工業港由經濟部工業局管理。

3. **專用港**（Special harbor）：係專為輸入或輸出某項特定物資提供服務之港埠，其港埠設施也針對該等特定物資的裝卸與運送特質進行設計配置，如專供能源油品、天然氣輸入之我國深澳港、興達港；專供本島東岸水泥出口使用的和平工業港。

4. **漁港**（Fishery harbor）：係專供漁船停泊、起卸漁貨、水產加工、漁船與漁具修護、補給之港埠，如高雄市的前鎮漁港、宜蘭縣的蘇澳港。

5. **軍港**（Military harbor）：係專供軍事船艦停泊、補給、修護，以及從事訓練海軍之港埠，如我國左營港。

6. **避難港**（Refuge harbor）：沿海國依國際規定，提供遭遇海上險難之船舶進入避難、整修或善後之港口。

7. **休憩港**（Leisure port）：專供旅遊、觀光、休憩等遊艇、帆船、觀光船泊靠的港口。如龍門港。

表 1-1　港口的分類

種類	服務內容	主要出、入船種
商港	國際、國內貿易貨物處理	貨船、貨櫃船
工業港	工業區進出口材料與產品處理	原油、原物料運送船
漁港	水產品	漁船
專用港	特定貨物的運送	散裝船
休憩港	觀光、旅遊、休憩	帆船、遊船、觀光船
軍港	軍事用途	軍艦
避難港	提供小型船舶避風浪的港灣	小型船舶

二、依地理之形勢分類

1. **海港或沿岸港**（Sea/Coast port）：位處沿海，岸曲水深，形勢天成，無需構建防波堤而船舶即可安全泊靠者、即所謂天然港口（Natural harbor）。惟此種港口，每多背負山嶺，沿岸地面往往失之狹窄，而市區亦乏發展之餘地，如我國基隆港、日本之長崎港、美國之波士頓（Boston）港。另有港口地點臨海，沿岸平直，缺乏避風防波之自然要素，然因交通上之需要，遂以人力築堤開鑿者，亦即所謂人工港口（Artificial harbor）的沿岸港口。如臺北港、臺中港。

2. **河口港**（Estuary port）：港口位置大抵位於江河之尾閭，當江海之交匯，此種港口不僅能避止風浪，且可航入腹地，其與內地之交通極稱便利，然亦因河流關係，不僅有潮汐漲落的航行限制外，航道往往失之狹淺，易有淤塞之虞，故需時加疏濬，耗

費鉅款或應設置外港（分港）以資接濟。如美國之紐澳良（New Orleans），比利時之安特衛普（Antwerp）各港。我國臺北港位處淡水河出海口南端，亦受漂砂淤塞之苦。

3. 河灣港（Bay Port）：地位既臨河口又據海灣，大抵港巨水深，與內地交通亦順便利，實爲港口中之最良者。如美國之紐約、舊金山港，中國廣西的北海灣。

4. 河港（River port）：地瀕江河或運河沿岸之港埠，爲內陸交通之樞紐，如中國的漢口、南京，英國之曼徹斯特（Manchester）港。

5. 湖港（Lake port）：地點臨近內陸大湖泊沿岸，爲內陸交通運輸之終點。如美國之巴菲羅（Buffalo）、芝加哥（Chicago）港。

6. 海峽港（Strait port）：地點臨近海峽，扼大洋聯絡之衝，對貨物及船舶之集散，頗稱相宜，如日本之門司港及新加坡港。

三、依潮差結冰分類

1. 閉口港與開口港（Closed and open port）：在一個潮汐週期內，最高潮與最低潮水位之間的落差，稱爲潮差（Tidal range），一個港口的潮差在三十呎以上者稱爲潮汐港（Tidal port），大多數在港口入口處水道兩端設有由（水）閘門控制的船渠（Lock），船舶進出港口必須先駛入並停留在船渠內，在調整船渠內的水位，使之適於進入港口或駛入河道。因此設置（水）閘門船渠的主要功能在於保持港內水域不受漲落潮影響，維持一定水位，以供船舶停泊裝卸貨物而不致於因落潮水淺而擱淺，如比利時安特衛普的部分港區即是，此類港口稱爲閉口港。至於英國倫敦、南韓仁川

等港雖亦受潮汐影響但未設閘門之港稱為開口港。

2. 結冰港與不凍港（Ice and ice free port）：冬季結冰者稱為結冰港或凍港，終年不結冰者稱為不凍港，亦即港區趨近水域與港區內終年不結冰，可供船舶安全進出的港口。

四、依開發過程分類

天然／人工港（Natural ／ Artificial Harbor）

　　港口可以是人工築建形成，亦可是渾然天成。人工港可經由人們精心設計的防波堤（Breakwaters）、海牆（Sea walls）或突堤（Jettys）構成，或經由挖濬而成，如早期基隆港開港初期，以及河口港的臺中港、臺北港即是。依賴挖濬成港者日後皆需定期挖濬（Periodic dredging），以免泥沙淤積致港區水深不足。

五、依銜接運輸模式區分

1. 海港（Sea port）：位於海岸線或河口處的港口。通常由海運船舶銜接陸運卡車，或鐵路火車，乃至空運飛機，如基隆港當下盛行的「機加船」（Fly Cruise）（外籍旅客搭機自桃機入境，轉搭遊覽車抵基隆登上郵輪再出境）即是。

2. 無水港（Dry port）：顧名思義是指「無水的港口」，實際是指在內陸地區建立的具有報關、報驗、簽發提單等港口服務功能的物流中心。不外採陸運／陸運、陸運／鐵路、空運／鐵、陸運等排除海運的銜接模式。

　　無水港內設置有海關、動植物檢疫、商檢、衛檢等監督機構爲客戶通關提供服務。同時，貨物承攬（代理）業、船務代理業和輪船（海運）公司也在無水港內設立分支機構，以便收貨、還櫃、簽發以當地爲起運港或終點港的複合運送聯運提單。設置無水港的主要目的在於方便內陸的進出口商可以在當地完成訂艙、報關、報檢等手續，並將貨物交給貨物承攬（代理）業或輪船（海運）公司完成出口作業。

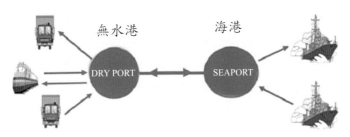

圖 1.6　無水港與海港的關係

Source: Estrada Port Consulting, S.L.

六、依國家管制政策之運用分類

1. 國內港（Domestic harbor）：一名非通商港，爲經營國內貿易專供本國通商船舶出入之港，外國商船除因天災或不得已事故外，不得任意入港，如我國之馬祖、東引港。

2. 國際港（International harbor）：一般稱商港，爲對於國際貿易所開放之港口，不論何國通商船舶，皆得自由出入之港，惟需受當地航政、海關、移民、檢疫等主管機關與港務管理公司之監督。開港地點，則由中央政府視整體經濟規劃與通商貿易情形而定。我國之基隆、高雄、花蓮、臺中、臺北各港則均係經常開放爲國

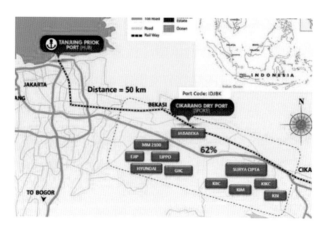

圖 1.7　位於印尼雅加達內陸的 CIKARANG 無水港

資料來源：Economists- pick-research.hktdc.com

際貿易之港口。又按港口貿易之情形、可將國際港分為下列四種港：

(1) 輸出港：凡該區域內生產物資，以該港輸出為多者，謂之輸出港。如我國的高雄港，英國之曼徹斯特港。

(2) 輸入港：凡該區域內輸入之物品，常較輸出為多者，謂之輸入港。如美國的洛杉磯港，英國之利物浦（Liverpool）及日本之神戶港。

(3) 輸出、入港：凡該區域內之生產品，常向需要地輸出，一方面應該區域內之需要，由海外供給地輸入者亦復不多，兩者之數，大致相等，謂之輸出入港。世界各港當以此類港口居多。

(4) 轉運港（Hub port）：一名通過港、介乎生產地與消費地之間而為貨物之媒介地點。此種港口或因地理上關係，船舶航線必

須由該港分流，或因人工物料較他港低廉，貨物由該港上陸較為有利，又因該港保稅倉庫設備完善，貨物利於儲存分散，皆為其發達之原因。如新加坡港、釜山港即是。

依據我國商港法（中華民國 100 年 12 月 28 日）第三條本法用詞，定義如下：

1. 國際商港：指准許中華民國船舶及非中華民國通商船舶出入之港。
2. 國內商港：指非中華民國船舶，除經主管機關特許或為避難得准其出入外，僅許中華民國船舶出入之港。

七、自由港

自由港（Free port）每以港口劃定之全部或一部分水域或陸域充之，凡輸入該港貨物一律不收關稅，並允許在該港內將貨物改裝轉運或加工製造，俟其輸入內地時始課以一定關稅。香港、上海即為世界聞名之自由港。表面上觀之，入港貨物既不收稅，而任其輸出於他國，似與本國本港無甚利益，實則貨物之運費及其他加值產業事項，如勞工工資，保險費等，獲利頗多，且本港藉此可成為世界貨物集散之大市場，更添競爭優勢。惟自由港之管理，當應嚴密，否則流弊亦生，蓋此等無稅貨物若任其在該區域內銷售，則易奪本港區域內所產同樣貨物之銷路，或准其自由加工製造，更為本國本港工業之勁敵，欲防此等弊害，非有嚴密之設備不為功，故：

1. 自由港區域以能容其貨物之保存、改良或加工製造為度，不應漫無限制地擴大幅員。
2. 自由港地區，應與當港市街隔離，以防止偷漏。
3. 自由港區周圍，宜設保全管制設施，如電子柵欄與監視器，使海關官員易於監察，以杜流弊。

1.3 港口的角色

作為國家經建重鎮的港口，其所應扮演的角色不外：

一、提供服務：提供海上商業的需求，亦即以服務海運相關產業為主。

二、謀求公益：配合周邊區域的經濟發展與創造就業改變需求以謀求公共利益。

三、承擔責任：承擔被期待監督並改善港口周邊環境的社會責任。

四、產能維護：因應海運業的變化，適時擴充或添置機具。

五、資金籌措：針對業務需求積極向中央政府籌措建築基金，如配合船舶大型化所衍生的航道浚深計畫。

述及港埠的角色功能，必須強調的是，港口雖屬國家經濟所仰賴的基建的重要部分，而其腹地對當地經濟的發展亦是最重要的。故而在評估港埠功能與貢獻時，切勿過度強調一般港埠管理機關最喜宣揚的港口貨物處理量，因為此舉會造成港口真正角色的失焦。

其實，一個港口的最大價值應在於其可藉由貨物的進、出口過程

與衍生商機，擴大刺激環港區的經濟與動能。

1.4 現代港口之功能

從上述港口世代的演變，以及近數十年來全球科技研發、國際經貿情勢，乃至管理科學的快速發展，現代港口的功能已非往昔傳統港口單純的以貨物進出口便利為核心業務的經營模式所能比擬，因為「開發」周邊地區發展的潛在效應，才是現代港口最應聚焦的經貿利基。基本上現代港口的功能如下：

一、行政的功能（Administrative）

確保國家的法律、社會政治與經濟利益，以及保護國際海事管轄權（Ensuring that the legal, socio-political and economic interests of the state and international maritime authorities are protected）。

二、物流服務功能（Logistics Service）

世界港口的發展大體上經歷了三代，第一代港口功能定位為純粹的「運輸中心」，主要提供船舶停靠、裝卸貨物、上下旅客、轉運與倉儲等；第二代港口功能定位為「運輸中心＋服務中心」，即除了貨物的裝卸與倉儲外，還增加了工業與商業活動，使港口更具貨物的增值功能。第三代港口功能定位為「國際物流中心」，除了作為海運的必經通道，在國際貿易中繼續保持有形商品的強大集散功能並進一步

提高有形商品的集散效率之外，還具有集有形商品、技術、資本、信息的集散於一體的物流功能。

在港口物流發展過程中，港口物流發展軌跡是一個由成本理念到利潤理念，再到綜合物流服務理念的過程。成本理念追求的是降低物流總成本，利潤理念追求的是獲取最大利潤，而綜合物流服務理念除追求商品自然流通的效率和費用外，還要強化客戶服務意識，切實轉換經營和管理方式，按現代物流的要求進行整合，以客戶為中心進行管理與控制，提供完善的物流服務。港口作為全球綜合運輸網路的節點，其功能不斷拓寬，在發展現代物流中扮演愈來愈重要的角色。

現代港口作為物流配送中心，主要為船舶、汽車、火車、貨物與貨櫃提供轉運、裝卸和倉儲等綜合物流服務，尤其是提高複合式（Intermodal）運送和流通加工的物流服務，而貨物又分為散裝、雜貨、液體貨、貨櫃等。

港區物流基本上可以分成進口（供應）物流、生產物流、銷售（分配）物流（Logistics in port area may be decided supply logistics, production logistics, and distribution logistics.）。

三、資訊服務功能（Information Service）

現代化港口透過大數據統計可為客戶提供市場決策的信息與資詢，並利用既有的數據建立數據交換系統的增值服務網路，為客戶提供貿易訊息、庫存管控、訂單管理與供應鏈控制等服務。再者，透過港口本身的區位優勢，以及衍生而出的諸多功能，配合簡化貿易與物

流過程，當可使港口在現代物流鏈的節點（Node）上提供最大的增值效應。

四、商業功能（Commercial）

港口的存在是商品交流和內、外貿易存在的前提，因此，現代港口為用戶提供方便的運輸、商貿和金融服務，如代理、保險、融資、貨代、船代、通關等服務並運用有關港口安全、經營者的責任和保險的法律使其提供之服務更有保障，進而促進內外貿易交流之發展。

值得強調的是，雖港口完備的公共資產保全功能對城市助益良多，然而取自港口功能與服務的營收最大化，與其他利益團體的優惠與目標是不一致的。

五、工業功能（Manufacturing）

毫無疑問的，港口功能對一個城市的經濟而言絕對是一件受用的禮物。而且是許多以港口運作支持營運的工廠，直接與間接創造就業機會與吸引人才的重要資源。

隨著港口的發展，臨江、臨海工業愈來愈發展。通過港口，由船舶運入供應工業的原料，再由船舶輸出加工製造的產品，前者使工業生產得以進行，後者使工業產品價值得以實現。

必須強調的是，在當前環保意識高漲情勢下，港口運作帶來的環境污染議題恐成港口管理機關與港區相關產業營運人無法迴避的難題。

六、產業功能（Industry）

建立現代化物流系統需要具有整合生產力要素功能的平臺，港口作為國內市場與國際市場的接軌點，已經實現從傳統貨流到人流、貨流、資金流、技術流、信息流的全面大流通，是貨物、資金、技術、人才、信息的聚集點。

透過了解港口之主要功能，同時也能由其衍生並了解到港口投資者、顧問與管理人員必須認真面對及考慮的原則，除了基本的貨物、船隻及港口的管理，還要謹慎考慮其各項成本，並提供最合理的定價，因此港口的財務管理就益顯重要，其預算、資本和收入支出、投資應該更謹慎評估。而對於相關法律的了解也是必需的，利用法律的保障來鞏固港口發展、擁有權和控制權並考慮國際公約對港口的影響，使其更能處於優勢。

七、經濟開發（Development）

港口是國家或較大區域經濟的主要促進者（劑）與激勵者（Ports are major promoters and instigators of a country's or wider regional economy）。以美國各港埠對美國就業機會的貢獻為例，美國港口業每年提供 1330 萬個工作機會、並創造 6490 億美元的個人所得（Personal income）。至於美國港口對美國經濟做出的貢獻實效是船舶透過美國海港運送的貨物達其國際貿易總量的 99.4%，且價值達總貿易金額的 65.5%。

附註說明：

1. 船籍港（Port of registry）的相關規定乃基於國籍、戶籍的概念，
有利於船旗國管理、真正聯繫、與沿海國的規範。入籍船舶必
須在船籍港登記船舶的細目，通常包括正式編號、登記噸位、
船名，而且必須將船籍港標明在船殼上。（The place where the
details of a ship or boat are officially recorded. Normally include An
official number, the registered tonnage, the name of the ship, and the
port of registry must be marked on the vessel.）

   船舶國籍即船舶屬於哪個國家的資格。船舶所有人按照一國
的船舶登記辦法進行登記，取得國籍證書（Certificate of ship
nationality），即擁有該國國籍，並與該國發生法律上的親屬關係。
依據 1982 年 4 月 30 日聯合國第三次海洋法會議制定的《海洋
法公約》第九十一條「船舶的國籍」作了如下規定：「每個國家
應確定對船舶給予國籍，船舶在其領土內登記及船舶懸掛該國
旗幟的權利的條件。船舶具有所懸掛旗幟所屬國家的國籍，該
國家和船舶之間必須有真正聯繫（Genuine link）。」

2. 母港（Home port）：用於航政監督與商業管理的領域，具下列
二種意義：

   (1) 船舶註冊入籍或作為永久基地的港口（The port in which a
vessel is registered or permanently based.）。

   (2) 不管船舶的註冊港為何，作為船舶主要營運港的港口（The
port from which a vessel primarily operates, regardless of its
registry.），如麗星郵輪某屬輪註冊港為巴哈馬，但基於商
業（客源、補給）運作理由，以基隆港作為母港。

第二章　港埠要素

2.1 港埠的自然要素

商港之所在與選址必具有自然之要素始能符合需要，並助長港區暢旺之動能，否則勢必發生種種障礙，降低港口之功用，雖有時可藉由人工構造物改善先天性不良條件，然其效果常不及天然形成者佳。故商港之良窳與否，有相當程度要視其是否具有下列自然要素，茲分述如下：

一、港口位置

凡商港之所在，必須地理上適宜於運輸通商之用，一切巨型船舶皆得易於出入，航線四通八達，公路、鐵路，乃至空運往來銜接便利；港口周遭腹地廣大、人口繁密，天然島嶼環拱，水深足夠，方為優良。如港口周邊沿岸空曠，欠缺自然地理屏障，稍遇有風浪，船舶即難繫泊，即使施以人工建築，亦屬費用浩大，而得不到預期效果。故平直或沙岸線之海岸、陸棚陡直、腹地極小等地形，如臺灣東岸，皆不適合開闢為商港。

二、港口狀況

港口之寬狹深淺、有無岩礁，與其開口方位，皆爲影響船舶出入的安全與難易度。如基隆港開口呈北偏西北走向（350°），且寬度僅 270 公尺，加諸冬季東北風盛行，而且漲、落潮流之流向與進港航道幾近垂直，因而進港船舶必須承受橫向風、流的作用；再者，如遇冬季大陸高壓出海，風向每爲西北或正北，此時湧浪皆向港口直接灌入，致港區的水面穩靜度變惡，實已因風險偏高而難成爲良港。難怪世界各國船長常謂：「如能進出基隆港，則全世界再也沒有難進出的港口了！」。更將基隆港的引水人尊稱爲：「惡水上的引水人（Pilots over the trouble water）」；又如臺北港、臺中港位於河口與臺灣海峽內，故而高潮與低潮時，其港內水深（Water depth）之深淺相差頗大，而且需要常時的疏濬，以維持一定的水深，亦稱不上良好的商港。

三、港外狀況

優良港口的先決條件是廣闊水深，當然如有天然山脈圍繞，或島嶼環拱提供掩蔽（Shelter）則屬最佳，再者，趨近港區的水域與航道，如無淺灘暗礁，潮差不大，讓船舶得以安全出入，最關重要。如臺北港與臺中港，無山脈以爲圍繞，即是典型天然條件不良的港口。

四、港內狀況

指港內之水深、水域面積、海底底質、岸線形狀四大要件。猶以

近年來航商競相訂造巨型船舶，船舶吃水動輒十公尺以上，使得許多傳統老港口無法冒納此等巨型船舶出入，因為除了水深不足外，還有船舶操縱水域不足的限制。畢竟幾十年乃至近百年前的港灣設計者從未預期到，船舶可以造得如此龐大。再者，港區海底底質關係船舶下錨後錨具的抓著力（Holding power）至鉅，海底底質以黏泥土（Clay）最佳，礫石（Gravel）或堅硬底質（Rock）則因錨爪（Anchor fluke）不易崁入海底而易於流錨（Dragging），致無法有效錨泊，船舶因而隨著風、流的作用漂流。

五、氣候條件

　　毫無疑問的，若謂氣候條件，則位於赤道無風帶的港口最好，終年無風無浪。但全球許多主要商港都是位處盛行風帶，因此總要面對大自然的挑戰。至於位處高緯度的港口冬季海面經常結冰，或是大陸沿岸的河口港常有濃霧，或是位處內河深處的港口因潮汐漲落差異過大，未嘗不是港口發展的阻礙。

　　顯然，所謂理想的優良港口當需具備下列要項：

1. 港池靜穩度（Wave stability）高的寧靜水面，以利船隻安全碇泊；此即表示港區水域需有良好的遮掩（Sheltered），始能避免風、浪的影響。

2. 足夠之水深，讓灣靠船舶免因水深不足致有擱淺之虞；所謂「足夠的水深」（Sufficient depth）一詞是相對於灣靠船舶的最大吃水（Max draft），畢竟每一商港都有其泊靠船舶的安全極限。

3. 水底底質良好，適宜船隻拋錨。

4. 寬廣之水面，以容納相對於港區規劃產能的船隻數量，並讓船舶有充裕的安全運轉水域。

其次，商港除具備上述自然要素外，亦需具有經濟要素，因為缺乏適應貿易活動之環境，終難誘引船舶來港灣靠，致欠缺闢為商港的動機，究竟船舶是跟著貨源移動的，若無貨源，港埠設施再好，港埠費率再低，亦無法吸引船舶群聚，故港口需具有經濟繁榮之背景要素。如六〇年代沙烏地阿拉伯的吉達港（Jeddah），以及當前的上海、寧波港的船席未曾閒置過的熱絡景象即是。可見任何商港，若無誘致貿易之條件，而專恃其自身之便利合宜，殊難躋於繁榮之境地。

2.2 港口選址與配套考量

綜合上述港埠應備要素，吾人在選擇築港處所時就必須考量下列因素：

一、地理位置

除了貨源以外，港口所在位置距離世界主要航運航路的遠近，以及與鄰近他港的距離，常是航商規劃航線的主要考量；其次是港口是否位於河口處？如位於河口，有無受潮汐與漂沙（Drift）影響？因為若選址於河口處築港，當沿岸水流流動，或河川水流排入沿岸時，由於浪、水流、潮汐等因素，產生的移動現象，會帶動海岸帶的沉積物作側向移動，這種沿著海岸線移動的砂質沉積物即為漂沙。此關係到日後港口淤積致營運水深不足的問題。

其次，單就地理位置而言，許多傳統港口的設定位置皆有其歷史背景、民生公益與社會經濟活動上的需要，如東部的蘇澳、花蓮二港就是，然若從人口密集度與商業活動的角度來看，本島東部港口絕不可能成為商業或轉運大港。

二、功能定位

無論從供需或運輸的角度來看，港口的功能絕對是築港的最主要定位考量。港口功能不外以港區及其周邊的自主需求，或是專供物流的轉運。其次，就屬港口的進出口導向、目標貨源為何？如基隆港就肩負大臺北首都圈的民生經濟調度功能，而高雄港則以工業原料為主。事實上，臺灣港口除麥寮工業港築港開始就定位為石化業專門港口，以及東岸的和平港為砂石水泥專用港口外，餘者多為多用途混合港。

三、腹地

腹地（Hinterland）一詞源自德語，係指位於海岸線或河岸線後方的區域（Area）。如今腹地多指位於港口城市後面，為港口提供貨物和銷售進口商品的內陸地區。腹地面積及其經濟潛力的大小，通常受港口背後內陸的地形、氣候、自然資源的自然條件，以及人口、經濟因素的影響。學理上，腹地當屬沿海（河岸）國所擁有，因此絕大部分的國家港口的腹地只限本國領土內，但有少數大型國際港口的腹地往往超過本國領土的領域。例如：荷蘭鹿特丹港的腹地擴及比利時、德國、盧森堡、法國北部等廣大地區，同樣的新加坡也有類似情況。

　　毫無疑問的，腹地與決定港口興衰的貨（客）源多寡，有相當程度的關聯；因爲除了人口因素外，腹地內工業區密集度，以及區內產業的加值潛力都會影響港口的吞吐量。

　　此外，若從現代航運經營的角度來看，一個具備許多大航商主要航線的屬輪灣靠的轉運港很明顯地可因運輸成本的降低與節省時間，嘉惠當地的託運人（Benefits local shipper）。然而工業區的位置選定因素並不僅考量港口成本與港口服務水平，還要顧及土地的成本與供給、建築物、自然與人力資源、物流配套與交通、基建品質、科技、設計、語言能力與文化。因此，某單一港口轉口貨量的最大化（Maximization of transshipment at certain port），不一定能留住國內的企業。

> 港口腹地所生產的貨物可藉由海運運送往其他各港的腹地區域，從海運角度重之，則包括出口與進口。

　　Hinterland is a German word meaning "the land behind" (a city, a port, or similar) An area behind a coast or the shoreline of a river. Specifically, by the *doctrine*（學說、原理）*of the hinterland*, the hinterland is the inland region lying behind a port and is claimed by the state that owns the coast. The area from which products are delivered to a port for shipping elsewhere is that port's hinterland. In shipping usage, a port's hinterland is the area that it serves, both for imports and for exports.

四、胃納對象

如同其他企業一樣，港埠經營亦要認清本港可容忍的風險（Risk tolerance），尤其在當前資本主義商業化大環境下，企業無不積極評估預期風險。經營港口有如開餐廳一樣，所謂「開店不怕大肚漢」，進出船隻愈多營收愈佳，但亦必須認清本港固有條件，並鎖定主要對象顧客群（Target client），免得顧客上門無法滿足其需求，或是船舶與其容量超過本港既有產能的負荷，進而導致不合理的延長船舶滯港期間，凡此皆是航商乃至貨主無法接受者。因此建港當下就應決定日後港口胃納的主力船種（型）（Ship's type）、船舶長度（Ship's length）、最大吃水（Max draft）、針對該等船舶所需的貨物處理機具（Cargo handling gears），以及後線儲存場地（Storage space）的規劃與配置。否則例如北部某港口，無視該港本就以散雜貨為主要貨源，竟在建港初期跟隨當年貨櫃化潮流購置兩部貨櫃橋式機，結果驗收後就一直未曾使用過，似此就是浪費公帑、盲目投資的典型案例。

五、裝卸機具

由於成本與效率考量，當前造船趨勢是船舶不自備裝卸機具，亦即要仰賴港口方提供岸基機具（Shore based gear）進行貨物的裝、卸作業。因而港口必須依據預期來港船舶的船型、大小、灣靠頻率、設備的投資回收期限，決定配置對應產能的機具與數量。又因船舶裝卸機具之單價成本頗高，動輒以億元計，故而相關投資的效益非謹慎評估不可。

六、聯外交通

港口作為物流與運輸鏈的節點與介面，為求物流暢通，勢必要有完善的交通配套系統支持，最為常見的就屬鐵、公路系統，以及運河駁運（Barging）系統；又當前物流運輸已採海、陸、空複合運送模式（Intermodal），故而機場與港口的交通關聯性亦常是評估港口位置優劣的因子之一。

事實上，在運河系統不發達國家或區域，所謂港口的聯外交通多指港口與陸岸端的連結性（Landside connectivity）。基本上，與港口銜接的聯外交通動線的設計應考量下列因素：（Consideration of port-connected traffic design）

1. 銜接的公路與高速道路（Connecting highway）；
2. 鐵、公路的通行區域（Access areas）；
3. 每一區段鐵、公路的預期能量與服務水平（Estimated capacity and service level of each rail and roadway segment）；
4. 設計交通量（Design traffic volume）；
5. 鐵公路的高度與寬度限制（Height/Width restriction）；
6. 道路、橋梁或高架橋的承重限制（Weight limitation）；
7. 設計安全作業速度（Design safe operation speed）；
8. 車線道數（Number of lanes）；
9. 單線道寬度（Lane width）；
10. 可辨識的瓶頸（Identifiable bottlenecks）；
11. 鄰近的複合運送場站（Nearby intermodal yards）；

12.鄰近機場的位置（Airport locations）。

　　若再從往昔諸多國際港口興衰的案例來看，聯外交通不良的港口大多遭遇發展障礙，如基隆港就因聯外交通不良而難以發展，因為實務上常遭遇自桃園貨櫃場北運之出口貨櫃因高速公路堵車，而嚴重延誤船期的窘況；相同的，上海港與曼谷港也因聯外交通系統擁塞嚴重而不得不積極在外海另築新港因應。

圖 2.1　基隆港西岸聯外道路（接國道 3 號）

圖 2.2　基隆港東岸聯外道路（接國道 1 號）

七、港埠工程

　　港口最主要也幾乎是唯一的水面使用者就是船舶，故而如何讓船舶安全進出港口是築港初始進行河港工程的首要考量。而其中最重要的就屬港口的開口走向（方位）、寬度與防波堤配置等基礎建設工程。港口的開口走向應考量其對船舶操縱的影響，蓋港口的入口（Harbor entrance）常是相對狹隘處，若港口設計之開口走向與當地盛行風，甚至漲、落潮流之流向成正橫或近九十度角，則操船者操船入港的難度勢必增高。其實，港內碼頭的規劃位置、排列與方位亦與操船，乃至貨物裝卸作業有關。以北部某港爲例，某汽車船碼頭，以及卸船或等候裝船的汽車儲存場，就位於砂石船碼頭的（盛行風）下風處，一旦砂石船卸貨遇有季節風吹襲則漫天灰塵，故而車商或貨主提貨時，每見進口汽車滿布沙塵的慘狀。

圖 2.3　進行中的築港工程

Source: www.sennebogen.com

八、政治因素

　　港口的築建與後續開發，最常遭遇的困難就是港界（Harbor limit）的劃定，以及土地取得不易，究竟港口營運涉及龐大利益與商機，故而財團、相關利益團體，乃至政客常會介入港埠的經營與開發策略，此舉常使專業見解被妥協。以基隆港為例，無視貨櫃港功能已被臺北港取代、港區散雜貨碼頭倉庫嚴重不足、東岸安瀾水域靜穩度不佳不利郵輪泊靠、西岸外港碼頭冬季風強浪高不適大型貨櫃船運轉等事實，竟仍在政治人物都市重劃的願景下，企圖推動「東客西貨」策略，即是不尊重專業與港埠專業、管理階層不夠堅持的負面案例。

2.3 港埠空間

　　臺灣四周環海，具備發展海洋資源的優越條件，過去海洋的開發利用，一直以漁業及航運為主，但近年來，隨著海洋保護區的劃設、海洋觀光的發展、遊艇活動的興起，新興海岸與海洋開發活動，使得海域空間的使用，面臨來自各產業間之利益衝突與日俱增。毫無疑問的，港區空間的規劃與使用亦面臨類似問題。

　　如同海岸規劃一樣，港區空間的規劃旨在分析和分配港區人類活動的空間和時間分布的公共過程，以實現通過政治進程指定的生態，經濟和社會目標。而其規劃過程的基本特徵不外本於科學性、前瞻性、適應性、參與性、生態系統性。

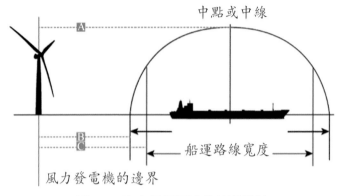

中點或中線

船運路線寬度

風力發電機的邊界

圖 2.4　海上風場周邊的航道規劃

　　基本上，除了旅客輸運所需場站外，傳統的港埠空間可分成船舶泊靠（Berthing）與貨載儲藏（Storage）兩大部分。泊靠空間包括一般雜貨碼頭（General cargo berths）（含各種型式碼頭；wharves, quays, piers, docks）、油輪碼頭與收受場站（Oil tanker jetties or terminals）、散裝貨設施（Bulk cargo facilities）、貨櫃與駛上駛下（Container and roll-on/roll-off）型船碼頭、液化瓦斯碼頭（Liquefied gas terminals）等；至於儲藏設施則包括倉庫（Warehouses）、通棧（Transit sheds）、碼頭外（周邊城鎮）的支援儲藏處所（Back-up storage），貨櫃堆積場（Stockyards and tacking areas for container）、散裝貨儲存場（庫、槽）（Stockpiles for bulk cargo）。毫無疑問的，港埠空間愈大愈有潛力，即船席愈多倉庫容量愈大，亦愈有利於港口的各種招商與調度運作。一個能夠吸引各大航商主要航線的屬輪願意灣靠的轉運港，很明顯地可因降低運輸成本與節省時間，並嘉惠當地託運人（貨主）與消費者。

其次，儘管臨港工業區、自由貿易區、物流集散中心的設置是新一代港口的必須配套，然而此等場區位置選定因素並不僅考量港口成本與港口服務水平（Port costs and port service level），還要顧及土地的成本與供給、建築物、自然與人力資源、物流配套與交通、基建品質（Quality of infrastructure）、科技、設計、語言能力與文化等因素。

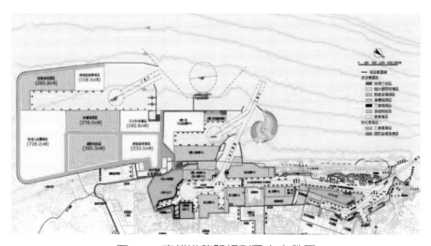

圖 2.5　高雄港整體規劃及未來發展

第三章　港埠使用者

3.1 引言

　　港口使用者係指所有使用港區提供的設施、機具與服務者。由於港口營運成敗的興衰與港口使用者（Port users）的營運息息相關，因此，港口的運作對於港口使用者，諸如貿易業、海運業、企業、製造業、服務業而言，除了提供船舶與貨物進出暢通的基本功能外，務必具有創造「銜接」功能與「衍生」服務的加值效用（Value-added utility），始能滿足使用者（消費者）的商業需求。是故如何將有限的港口資源完美整合、管理，並作合理分配是港口使用者最為關心的。

　　基本上，涉及港口使用者營運的影響條件因素，可分成人、船、貨三個層面探討。

3.2 人

　　港口既然是貨物進、出國境或港際間轉運的介面，本於國家財政、國防與衛生考量，任何一件商品欲從產地裝船跨越國境，運輸至目的國或目的港口，或是自國外輸入，勢必經過申報（報關完稅）、

維安檢查、檢疫、裝卸、船運、倉儲與岸際運輸等過程，也因此港口必須佈署並投入相當人力資源維持其正常運作。如圖 3.1 所示：

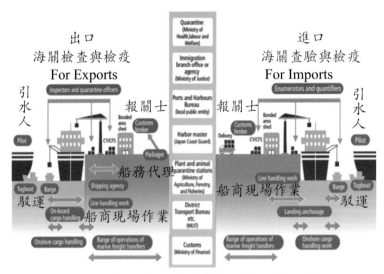

圖 3.1 跨國境貿易之貨物進、出口流程示意

從「人」的層面來看，除了政府部門（Government officials）的行政與管理機關，如海關（Customs）、移民署（Immigration）、檢疫局（Quarantine）（三單位合稱 CIQ）、海岸巡防署（Coast Guard）、港口國管制官員（PSCO; Port State Control Officer）外，港埠使用者可概分成服務提供者（Service provider）與服務接受者（Service acceptor）兩類。

　　一般在港區直接涉及海上運送實務的服務提供者包括：

一、船席指泊（Berth Assigned）人員：船舶抵港前由船公司或船務代理業，提出來港船隻的細目（Ship's particulars；含長度、吃水、

噸位等）與進港目的，向港務公司申請船席泊靠，通常由港口管理機關的繫船課負責辦理；抵港船舶一經港口管理機關或港務公司指泊（Assigned）船席後，就必須依據所指泊船席泊靠，不得任意停靠他處。

二、引水人（Maritime Pilot）：登船協助不熟悉港口水文環境、港口作業習慣的船長，並提供引領船舶進、出港與離、靠碼頭的專業操船服務。

三、船舶交通服務（Vessel Traffic Service; VTS）管制人員：負責進、出港船舶的訊息交換與交通流管理。

四、港勤作業人員：如港勤拖船（Harbor tugs）、繫帶纜人員（Mooring man）。

五、碼頭工人（Stevedore）：指專責裝卸機具操作、貨物搬運、倉儲等作業者，將另章詳述。

六、報關人員（Customs Broker）：「報關」又稱「申報」（Declaration），是指在貨物進、出國境時，進出口商或其代理人向海關申報，請求辦理貨物進、出口手續並繳納關稅的行為。實務上，貨物的進、出口人可以自行向進、出口（海）關別申請報關，但因報關流程專業且繁雜，所以多半會委託專業報關行代理申報。專業報關人員需參加國家考試取得報關士資格。

七、理貨員（Talley）：「理貨」一職是隨著海上貿易運輸的出現而產生的，其含義為計數（Counting）用的籌碼。最早的理貨工作就是單純的計數，及後發展成船方或貨主根據運送契約在裝、卸貨港收受和交付貨物時，委託港口的理貨機構代理完成在港

口對進出口貨物進行計數、檢查貨物有無殘損等工作，並據以製作有關單據或開立證明，以明貨物收受各方的責任。

八、公證暨檢驗（查）人員（Surveyor; Inspector）：指代表海上貿易相關各造的公證暨檢驗（查）人員，如船體保險（Hull insurance）、船東互保（Protection and indemnity; P&I）、船級協會（Class society）、貨物檢定（丈）（Cargo surveyor）、船舶安全檢查（Safety Inspector）等。

九、貨運業（Freight transport; Transportation service）：包括在船邊提貨與出入港區運送貨物的卡車（Truck）、拖車（Trailer）、油罐槽櫃車（Tank lorry）等。通常港區貨物運送之報價只是單純的運費而已，運費較有比價空間，至於其他的港口業務項目大部分都是規費，價差不會太大。前述規費指依貿易條件不同所衍生的兵險、稅、報關費、換（報關）單、吊櫃、併櫃、傳輸、倉租、製單費等。

圖 3.2　船具（伙食、物料）補給

十、船具（伙食、物料）補給業（Ship's Chandler/Stores）：專門提供到港船舶補給品與船用屬具、備品的零售商（Retail dealer who specializes in supplies or equipment/spare parts for ships）。

十一、油、水補給業（Bunker/Water Supply）：為抵港船舶補給後續航程所需之燃油、飲用水。

至於港區內直接與間接的服務接受者，則包括：

一、船舶所有人（Shipowner）或運送人（Carrier）：我國民法第六百二十二條規定：「稱運送人者，謂以運送物品或旅客為營業而受運費之人。」。在海上運輸中「運送人是指以本人或委託他人以本人名義與託運人訂立海上貨物運送契約的人」。「實際運送人」則指接受運送人委託，從事貨物運輸或部分運輸的人，包括接受轉委託從事此項運輸之他人。可見，運送人包括船舶所有人，亦即船東（Shipowner），和以論時租船（Time charter）或光船出租（Bareboat charter）的形式承租船舶，進行船舶經營的租船人（Charterer）或運航人（Operator）。

二、託運人（Shipper）：指將貨物（Shipments）委託運送人承運之人，就是一般所稱「貨主」之意。

三、收（貨）件人、到貨通知人（Consignee）：此為託運人的貿易對手方，即「收貨人（主）」之意。

四、租（傭）船人（Charterer）：「租船運輸」（Charterage）係指根據協議，以約定費率及條件，按約定航程將船艙的全部或一部分裝運傭船人託運的貨物，或按約定期限將船舶全部艙位供租（傭）船人裝運貨物；或將船舶置於租（傭）船人的占有下，

進行營運管理，按約定時間收取傭船費或租金。上述租（傭）船協議一般以「租（傭）船契約」（Charter party）名之，即租船人向船舶所有人租賃船舶用於貨物運輸，並按商定運價，向船舶所有人支付運費（Freight）或租金（Charterage）的運輸方式。而租（傭）船人即指前述的船舶承租人。

五、船務代理業（Shipping Agent）：依據我國航業法第三條（三）：「船務代理業：指受船舶運送業或其他有權委託人之委託，在約定授權範圍內，以委託人名義代為處理船舶客貨運送及其有關業務而受報酬為營業之事業。」。實務上，船務代理業就是受船東委託，以其熟悉當地事務的專業，代表船東在各港處理船舶與船員的權義相關事宜之人。

船務代理業

A shipping agent is a person who deals with the transactions of a ship in every port that the ship visits or docks. In simple terms, it is a shipping agent who with a local expert acts as a representative of the owner of the ship and carries out all essential duties and obligations required by the crew of the ship.

六、船員（Seamen）：船員為負責船舶運轉與泊靠作業的實際操縱者，故而是港口設施的最直接使用者。港口設計、設施與管理的良窳，不僅影響到船舶的安全、船員的常規運作，亦連帶地

影響到港口的產能與效率。但事實上除了勞安福利完善的歐美地區外，船員常是最被港口相關業者忽視的一群弱勢勞動者。

3.3 船

如同前述，港口的築建主要在提供往來進出的船舶灣靠，故而灣靠船舶的多寡常被視爲港口營運興衰的首要指標，因此在探討港口管理與營運時，務必對船舶作基本上的認識。

一、船舶的定義

自古以來，船舶一直是人類從事海上活動與營運必須的工具。何謂「船舶」？儘管種類型狀有所不同，一般人對只要能浮於海上的載具（Carrier）都概稱爲「船」，但國際上，尤其法學領域對於「船舶」一詞，至今尚無一致之定義，特列舉相關定義如下：

1. 「船舶」一詞依據我國海商法第 1 條：「本法稱船舶者，謂在海上航行，或在與海相通之水面或水中航行之船舶」；

2. 「國際海上避碰規則」（COLREGS 72; The International Regulations for Preventing Collisions at Sea 1972）（3.1）船舶的定義：「係指所有用作水上運輸工具之船艇，包括無排水量之船艇及水上飛機。（Every description of water craft used or capable of being used as a means of transportation on water, including non-displacement craft and seaplanes）」。條文中的無排水量之船艇及水上飛機顯非適用

於海上運輸領域。

3. 美國管轄法（Judicial Act）第三條主張：「船舶是指水上從事運送的工具。」

二、船舶的種類

依據我國船舶法第 3 條，船舶可分類如下：

1. 小船：指總噸位未滿五十噸之非動力船舶，或總噸位未滿二十噸之動力船舶。

2. 客船：指非小船且乘客定額超過十二人，以運送旅客為目的之船舶。

3. 動力船舶：指裝有機械用以航行之船舶。

4. 水翼船：指裝設有水翼，航行時可賴水翼所產生之提升力，使船身自水面升起而行駛之特種船舶。

5. 氣墊船：指利用船舶內連續不斷鼓風所形成之空氣墊，對其下方水面產生有效反作用力，使船身自水面升起，藉噴氣、空氣螺槳、水下螺槳或其他經航政機關認可之推進方式，在水面航行之特種船舶。

6. 高速船：指依國際高速船安全章程（International Code of Safety for High Speed Craft）設計、建造，且船舶航行時最大船速在 3.7 乘以設計水線時排水體積之 0.1667 次方以上，以每秒公尺計（公尺／秒）之船舶。

7. 遊艇：指專供娛樂，不以從事客、貨運送或漁業為目的，以機械

為主動力或輔助動力之船舶。

8. 自用遊艇：指專供船舶所有人自用或無償借予他人從事娛樂活動之遊艇。

9. 非自用遊艇：指整船出租或以俱樂部型態從事娛樂活動之遊艇。

顯然，作為港口使用者主體的「商船」（Merchant Ship/Vessel；しようせん），在法律上並無明文規定（商船という用語は法令上のものではない）。一般海運實務上，對「商船」一詞最典型的陳述應為：「受船舶法相關航行安全規範，以營利為目的，從事運送旅客與貨物的私有船舶」。亦即以商業行為作為目的而運航的船舶（A ship for commercial purposes）。

另在航運實務上，當前海運界依業務性質將船舶分成兩大類：

1. 定期航線（Liner business）

最具代表性的就是貨櫃船，其以公共運送人（Common carriers）的身分運作，依預先公布的船期表（Published schedule）定期灣靠固定港口。而所謂「公共運送人」（Common Carrier）意指船東或航商提供的運送服務不只針對單一託運人之意。

2. 不定期航線（Tramp business）

通常指介於託運人（Shipper）與收貨人（Receiver）間安排的私人運送業務，而由提供出租船舶的船東或運航人（Operator），依據特別簽訂的租船合約（Charter party）進行運送大宗散裝（乾、液態）貨（Bulk cargo）至世界上任何適當的港口（Any suitable port (s) in the world）。不定期航線沒有一定的航線與期程表（Schedule）。

可見定期航線與不定期航線的差異就像是公車與計程車的不同營運模式。

三、船舶的人格化與識別

無論從財產保全或保險理賠層面觀之，法律上往往將船舶人格化，如船舶有國籍、船齡、噸位。好比自然人之姓名、國籍、戶籍、年齡。船舶之生存期，從下水（Launching）開始，至失去其法定功用或效能時終止。又在船舶壽命過程中如發生拆毀、沉沒、失蹤、燒毀，亦需登記，如同自然人死亡時需登出一般。船舶人格化，最是表現於英、美法之「對物訴訟」（Action in rem）上，我國除船舶抵押權之實行有「對物訴訟」之性質外，並不承認「對物訴訟」。船舶既被人格化，當有其個別的獨特識別與標記，以爲區別；

依據我國船舶法第 10 條（船舶應備之標誌）：

船舶應具備下列各款標誌：

1. 船名（Ship's name）：船名通常是人們對船舶最直覺的描述與記憶。船舶的命名，除極力避免同一國籍船舶重複同名易生管理困擾外，國際上並無特殊規定，通常由船東自行命名。惟船舶既屬陰性，就應以柔和爲要。從海運史來看，船名過剛或太硬招來厄運的先例頗多，焉能不慎。而爲易於辨識船舶的類別，一般文書上都會在船名的前方加註船舶屬性的類別代號（Category designation）字首，如美國軍艦艦名前方加註的「USS」，即是「United States Ships」之意；英國軍艦的「HMS」則是「Her/

His Majesty's Ship」（皇家艦艇）之意。再者，利用柴油內燃機（Diesel engine）推進的船舶稱為動力船舶（Motor vessel），故而船名前方就加以「MV」的字首。反之，以蒸汽機推進的船舶稱為「Steam ship」，則船名前方就加以「SS」的字首。

2. 船籍港名或小船註冊地名（Port of registry）。

3. 船舶號數：船籍國航政主管機關於船舶登記入籍時給予的序號。

4. 載重線標誌及吃水尺度（Load line and plimsoll mark）。

5. 法令所規定之其他標誌。

6. 前項標誌不得毀壞或塗抹。但戰時為避免被捕獲者，不在此限。

　　除了上述船舶法定標誌外，一般在認識或描述一艘特定船舶通常會涉及下列名詞：

1. 船舶國籍（Nationality）：船舶國籍即船舶屬於哪個國家的資格。船舶所有人依據一國的船舶登記辦法進行登記，取得國籍證書（Certificate of ship nationality），即擁有該國國籍，並與該國發生法律上的親屬關係。船舶必須懸掛象徵國籍的一國國旗才能在公海上航行，無國籍的船舶在公海上航行會被視為海盜船，各國飛機和軍艦均可攔截。船舶不能具有雙重國籍，根據《聯合國海洋法公約》規定，懸掛兩面或兩面以上國旗航行，並視方便而換用旗幟的船舶，對任何其他國家不得主張其中的任一國籍，並可視同無國籍的船舶。

2. 國際海事組織編號（IMO No.）：國際海事組織（IMO；International Maritime Organization）基於船舶管理考量，委託IHS Fairplay，即前德國船級協會（Lloyd's Register），給予每一

艘船舶一組由七個數字組成的編號，最後一字爲檢查碼（Check digit），如同船舶的 ID No.，載明於船舶相關文書上，並漆於船舶兩舷與船艉明顯處，此編號將隨著船舶壽命存續（Remains the same throughout the ship's lifetime），不會因船名改變、結構變更、船舶買賣而變更，也不能爲其他船舶所使用，以利有效管理與規範。

圖 3.3　船舶艉部標示的船名、船籍港與 IMO 序號

3. 船舶噸位（Ship's tonnage）：船舶噸位是船舶大小的計量單位，可分爲重量噸位和容積噸位兩種：

(1) 船舶的重量噸位（Weight tonnage）

船舶的重量噸位是表示船舶重量的一種計量單位，以 1000 公斤爲一公噸，或以 2240 磅爲一長噸，或以 2000 磅爲一短噸。目前國際上多採用公制作爲計量單位。船舶的重量噸位，又可分爲排水量噸位

和載重噸位兩種。

①排水量噸位（Displacement tonnage）：

排水量噸位是船舶在水中所排開水的噸數，也是船舶自身重量的噸數。

②載重噸位（Deadweight tonnage）：

總載重噸（Gross dead weight tonnage）。是指船舶根據載重線標記規定所能裝載的最大限度的重量，它包括船舶所載運的貨物、船上所需的燃料、淡水和其他儲備物料重量的總和。

總載重噸＝滿載排水量 — 空船排水量

(2) **船舶的容積噸位**（Registered tonnage）

船舶的容積噸位是表示船舶容積的單位，又稱註冊噸，是各海運國家為船舶註冊而規定的一種以噸為計算和丈量的單位，以 100 立方英尺或 2.83 立方米為一註冊噸。容積噸又可分為容積總噸和容積淨噸兩種。

①容積總噸（Gross registered tonnage; GRT）：

又稱註冊總噸，是指船艙內及甲板上所有封閉的場所的內部空間（或體積）的總和，是以 100 立方英尺或 2.83 立方米為一噸折合所得的商數。容積總噸的用途很廣，它可以用於國家對商船隊的統計、表明船舶的大小、船舶登記、用於政府確定對航運業的補貼或造艦津貼、計算保險費用、造船費用以及船舶的賠償等。

②容積淨噸（Net registered tonnage; NRT）：

又稱註冊淨噸，是指從容積總噸中扣除那些不供營業用的空間剩餘的噸位，也就是船舶可以用來裝載貨物的容積折合成的噸數。容積淨噸主要用於船舶的報關、結關，以及作爲船舶向港口繳納的各種稅收和費用的依據，例如通過蘇伊士運河或巴拿馬運河時繳納運河費的依據。

(3) 全長（LOA/ Length over all）

指船舶的最大長度。

(4) 船寬（Breadth; Beam）

在船舶法定水線面的最寬處所量得的最大寬度（The overall width of the ship measured at the widest point of the nominal waterline.）

(5) 水面上高度（Air draft）

爲從水面上量至船舶最高處的距離。（The distance from the surface of the water to the highest point on a vessel.）。

(6) 吃水（Draft）

指船舶浸在水裡的深度，即從水線量到船底基線之垂直距離。衡量船舶吃水情況的實際刻度，即繪製於船舶、船舯與船艉等兩側的水呎標誌（Draft mark），由這些刻度即可得知船舶的吃水情況，亦即其裝載情況。而船舶吃水（Draft forward）與船艉吃水（Draft aft）的差別稱爲船舶的俯仰差（Trim）。實務上，爲求運航安全，一般所稱之吃水皆指船舶的最大吃水（Max draft）。

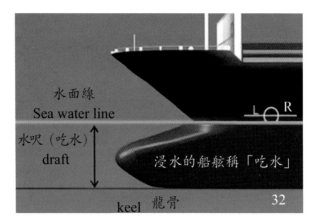

圖 3.4 船舶吃水示意圖

圖 3.5 船舶吃水讀數

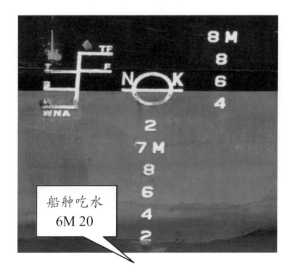

船舶吃水
6M 20

圖 3.6　船舯吃水讀數

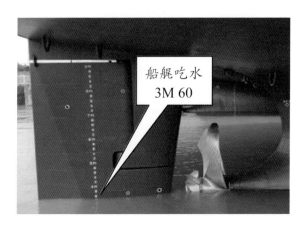

船艉吃水
3M 60

圖 3.7　船艉吃水讀數

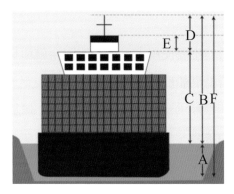

圖 3.8　船舶吃水相對於航道水深

　　圖中 A：設計水呎（Design draft）；B：船舶在水面線上的高度（Air draft）；C：水面至駕駛台頂部距離；D：駕駛台頂部至桅桿頂部的距離；E：駕駛台頂部至煙囪頂部的距離；F：船舶高度（Height of the ship）

(7) **乾舷**（Freeboard）

即水線至船舶至甲板間之垂直距離。

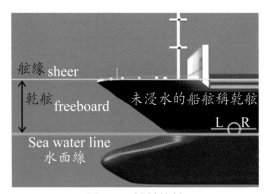

圖 3.9　船舶乾舷

四、船舶安全

船舶既為港口的主要使用者，船舶的安全就直接影響到港埠安全與經營，試想，若抵港船舶都不遵守國際公約規定運航，或是規避公約規範的老舊次標準船（Sub-standard ships），無論對港口營運或環境保護都是潛在的威脅。基本上，探討船舶安全不外涉及人、船、環境等三大因素；

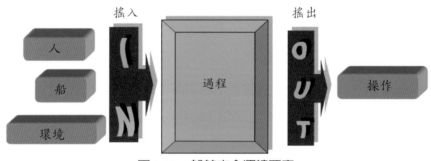

圖 3.10　船舶安全運轉要素

隨著科技的發達，船舶硬體設備日益精進，而船員的技能與知識亦隨著網路世代的來臨而大幅提升，至於環保的規範更是縝密完善。基本上，類此軟硬體俱優的完美組合，海上事故發生的機會應該是微乎其微，但事實不然，海上事故依舊不斷發生。問題出在哪裡？

毫無疑問的，涉及船舶安全的「人」的因素，當然包括船上的船員與航運公司岸勤的管理階層。欲成為遠洋商船船員，本應依據國際規定完成一定教育學程、訓練、取證的過程，故有一定專業水平。然在時下一味奉行降低成本（Cost down）的風氣下，船公司精簡人事已成常態，而所謂精簡通常就是刪減船員的配置，或是加重船員的工

作負擔與壓力，如此一來，必定會一定程度地降低船員的作業素質，焉能不發生事故？

另一方面，時下被各國造船廠與船東稱爲「傑作」（Masterpiece）的巨無霸型貨櫃船，雖以經濟規模與單位成本爲主要訴求，但卻忽略了船舶超大型化已顛覆了傳統的船舶操縱技術與思維，更未考量全球各傳統港口既有地理條件受限且無法改善的事實。試想，傳統港口若無良好的配套措施，怎能安全且有效率的容納並提供此等龐然巨物的優質服務？因此我們最擔憂的就是單方面認知下的「傑作」，可能成爲另一方眼中的「巨獸」（Monster）。

再談及海運環境，亦是船舶營運與作業的環境，在商業掛帥的前提下，近年來已然產生質變。單就船長的角色來看，無論從海事法律或傳統海運的角度觀之，船長都必須遵從船東或運航管理人的指示運航船舶，然若船東所言或要求不當，則船長亦需運用其謹慎與專業判斷，去保護船員、旅客、船舶與貨載的安全。事實上，在巨大的商業壓力下，船員的性質（Nature of seafaring）無論在直接與間接上皆產生了改變。直接方面，隨著船上設備的自動化使得當值駕駛員的角色變成次要的；間接方面，經由聯絡與相關改革已改變了船長、船員與陸岸管理階層間的關係。當前船長的傳統角色已然產生質變，亦即實務上船長常常不再掌有關於船務運作的最終決定權，因爲在來自船東、租船人及船級協會的壓力下，陸岸上的管理階層正奪取船長傳統上固有的決策功能。其結果是，職場上陸續發生背離海運常規的脫序運作，也因而衍生諸多本就不應發生的罕事。似此，海上運送之整體品質焉能不日趨衰落？

　　然無論如何，國際間還是有一套針對船舶運航管理的完備規範，供運航人遵循。基本上，一艘航行國際航線船舶應遵守與適用的國際公約如下：

1. 海上人命安全國際公約（SOLAS; International Convention for the Safety of Life At Sea）；
2. 國際載重線公約（International Load Line Convention）；
3. 國際防止船舶污染公約（MARPOL）；
4. 國際防污系統公約（International Convention on the Control of Harmful Anti-Fouling Systems on Ships.）；
5. STCW 公約（The International Convention on seafarer Training and Watchkeeping Standards-STCW- was asdopted in 1978.）；
6. 壓艙水管理公約（BWE: Ballast Water Exchange Convention）；
7. 國際船舶與港口設施保全章程（ISPS Code, International Ship and Port Facility Security Code）；
8. 搜索與救助公約（79 SAR）；
9. 海事衛星公約（76 INMARSAT）。

　　而為確保船舶安全與符合各國際公約的規定，船舶應完成各相關檢查與檢驗（Inspections and Surveys）後，取得下列依據前項各國際公約規範下的檢查證書，始能投入市場營運；

1. 貨船安全設備證書（Cargo Ship Safety Equipment Cert.）；
2. 貨船安全構造證書（Cargo Ship S/C Cert.）；
3. 貨船安全無線電證書（Cargo Ship S/R Cert.）；
4. 國際載重線公約證書（Load Line Cert.）；

5. 國際防止油污染證書（IOPP Cert.）；

6. 國際防止空氣污染證書（IAPP Cert.）（Air）；

7. 國際防止污水污染證書（ISPP Cert.）（Sewage）；

8. 國際防污系統證書（International Anti/Fouling System Cert.）。

　　顯然船舶安全的防範與維護，必須依賴一套完善的船舶檢查機制始可達致。如同前述，船舶欲投入市場運航必先取得國籍，而船旗國（Flag State）授與船舶船籍後，為確保本國籍船舶的安全無虞，必須依據相關國際公約的規定進行檢查，此稱為船旗國管制（Flag State Control; FSC）。但因船舶航跡不定且遍及全球，僅靠船旗國政府自身很難掌握本國籍所有船舶的狀況。於是，船旗國就得委任認可的船舶檢查機構（Recognized Organization; RO）依據國際公約進行檢查。此等檢查機構通常就是指代表各國的民間法人團體——船級社（Classification Society，或稱驗船協會）。船級社主要業務是對新造船舶與現成船定期進行技術檢驗，合格者給予船舶的各項安全設施的相應證書；根據檢驗業務的需要，製定相應的技術規範和標準；受本國或他國政府委託，代表其參與海事活動。職場上常見之船級社如下：

1. 美國船級社 ABS（American Bureau of Shipping）；

2. 法國船級社 BV（Bureau Veritas）；

3. 中國船級社 CCS（China Classification Society）；

4. 英國勞氏船級社 LR（Lloyd's Register）；

5. 日本海事協會 NK（Nippon Kaiji Kyokai; Class NK）；

6. 挪威船級社 DNV GL Det Norske Veritas Germanischer Lloyd〔由 DNV

（挪威船級社）與 GL（德國勞氏船級社）於 2013 年 9 月合併〕。

我國於民國 40 年 2 月 15 日在臺北市成立「中國驗船協會」，簡稱 CR（China Registry）。復於民國 67 年 7 月 1 日接受民間捐助，改組並更名為「財團法人中國驗船中心」。民國 103 年 5 月 2 日，為提供更完整之服務，調整英文名稱為「CR Classification Society」。

除了船旗國政府委託上述船級社的檢查外，沿海國政府（Port State）在允許外籍船舶進港同時，為確保本國權益與安全，可依據 SOLAS、MARPOL 等國際公約的保障，對外籍船舶進行檢查。此針對外籍船舶進行監督的機制稱為港口國管制檢查（PSCI; Port State Control Inspection）。而執行港口國管制檢查的官員稱為 PSCO（Port State Control Officer）。

港口國管制檢查之主要功能在確認靠港船舶符合相關國際公約的規定，一旦檢查發現船舶有違反公約規定情事，有權要求其在出航前改正，或留置（Detain）的權利。因此，港口國管制檢查具有補強船旗國管制（FSC）的實質意義。但必須強調的是，要求船舶確實遵守公約的最終責任，還是船旗國政府。

顯然「港口國管制」（Port State Control; PSC）乃港口國政府為維護船舶航行安全，經由公法施行，嚴格監督抵港船舶是否具備「適航性」（Seaworthiness）與遵守海事國際公約的行政管制程序，以達到消弭次標準船（Sub-standard ship）及保護海洋環境之目標。實務上，「港口國管制」的實施方式主要係透過區域合作公約模式，除可由港口國政府在其商港查驗外國籍船舶之船舶文書是否符合國際公約之規定（形式適航性）外，並可登輪查核是否配置適任之人員，以及

其設備操作是否符合相關規定（實質適航性）。我國礙於政治現實，雖非聯合國海洋法公約之締約國，亦非國際海事組織之會員國，但由於海運事業為我國生存之重要產業，為保護我國海洋環境、確保航行安全，交通部於 2002 年報請行政院核准以商港法第 60 條為法源依據，採納國際海事組織 A.787（19）號決議案作為我國港口國管制檢查之準據，於 2003 年 1 月 1 日起正式對進入我國港口之外籍船舶實施港口國管制檢查。

圖 3.11　PSCO 檢查固定式二氧化碳滅火系統

圖 3.12　PSCO 檢查貨艙通風口水密性

船舶適航性（**Seaworthiness**）

「適航性」源自英、美海商法，日本學者譯爲「堪航能力」，臺灣稱爲「適航能力」或「堪荷能力」，中國海商法稱爲「適航性」。名稱不盡相同，但各國概念均取自於 1924 年《關於統一提單的若干法律規則的國際公約》即一般統稱的《海牙規則》。船舶適航性是一古老的概念，也是承運人「最低法定義務」之一。因此，了解和研究適航的內容和要求，不僅是承運人履行「最低法定義務」的基本要求，也是保證海上安全，提高航運能力的需要。

　　我國海商法第 62 條（發航之注意及措置義務）

　　運送人或船舶所有人於發航前及發航時，對於下列事項，應爲必要之注意及措置：

1. 使船舶有安全航行之能力；
2. 配置船舶相當船員、設備及供應；
3. 使貨艙、冷藏室及其他供載運貨物部分適合於受載、運送與保存。

　　顯然「適航性」就如同一條線，以各種形式貫穿整個海商和海事法。

3.4 貨（旅客）

　　「貨物」一詞的英文名詞爲「Cargo」或「Freight」，兩字常被

人們互用，但在實務與口語上大都稱「Cargo」。技術上，「Cargo」一詞係指被裝載在託運或出租船舶上的「貨物」（The goods carried aboard the ship for hire）；至於「Freight」則指船舶（船東）或租船人接受運送貨物的報酬（The compensation the ship or charterer receives for carrying the cargo）。

另從經濟角度來看，「貨物」係指為謀求商業利益，由運送人（Carrier）開立空運提單、海運提單或收據，以陸、海、空運運送的商品或物產（In economics, cargo or freight are goods or produce being conveyed – generally for commercial gain – by water, air or land, and for which an air waybill, or bill of lading, or other receipt is issued by the carrier）。

傳統上，「貨物」一詞原本就是「船貨」（Shipload）的專屬名詞，但現已含括經由陸、海、空運模式運送的各類貨物。例如現今在物流系統中舉足輕重的「冷鏈」（Cold-chain），以冷藏或類似之環境控制設施（Cold storage or other similar climate-controlled facility）運送的易腐性食物或恆溫性電子器材亦稱「貨物」；再者，專為複合運送模式設計可反覆使用與裝填的「貨櫃」（Container），亦被海運公司與物流業者（Shipping lines and logistics operators）稱為「貨物」（Cargo）。又如航空運輸所使用的空運貨櫃（ULD; Unit load device）亦被業界稱為「貨物」。此外，海運公司基於貨櫃使用需要，從各港調度或回收空貨櫃（Empty containers）至裝貨港，則其屬輪上所承載的空貨櫃，在裝船文件（Shipping document）上亦被註記為「貨物」；又如將商品或物產裝入空貨櫃內，則所裝填的商品或物

產就被稱為「貨櫃化貨物」（Containerized cargo）。基於港埠營運領域考量，本書所探討者僅以海運貨物為主。

港口場站（Seaport terminals）所需處理的海運貨物（Maritime cargo）種類繁雜，同樣地，船舶的種類與船型設計亦因不同用途而異。故而為確保貨載的安全與提升運送、裝卸效率，就需依照不同貨物的固有特質與運送路徑，選擇適當的運送船隻，亦即在海上運送過程中，應審慎考量哪種貨載應被裝在哪種船的問題。

基本上，在海運市場營運船舶的種類不外下列：

一、汽車船（Pure Car Carrier; PCC）或駛上駛下型滾裝船（Roll-on/Roll-off ship）：

許多港口處理進出口的汽車（Automobiles），就需經由專用的汽車船或駛上駛下型滾裝船運送。

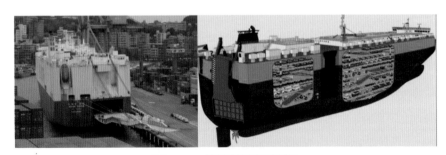

圖 3.13　專用汽車運送船

二、雜貨船（General Cargo ships）、多用途船（Multi-Purpose ships）

散雜貨（Break bulk cargo）則指未包裝的件貨（Piece cargo without pack），一般多以袋（Bags）、箱（Boxes）、板條箱（Crates）、桶（Drums）的方式包裝，再以逐件或墊板化（Palletized）模式利用船上吊桿（Ship's crane）裝船，而裝載此類貨物的船舶稱爲雜貨船或多用途船。因爲此類貨載裝卸費時，延長船舶滯港時間，故而正被貨櫃化運輸陸續取代。

圖 3.14　雜貨船

三、散裝船（Bulk Carrier）

若單純從「量」的角度來看，此類貨載最是攸關國民生計，亦即我們日常生活中無可或缺的大宗物資（Bulk/Homogeneous materials），業界稱爲散裝貨（Bulk cargo），如：油、鹽、黃豆、小麥、玉米、鐵礦石等即是，此等貨載無法以單件（Individual piece）處理，亦不可採用墊板化、貨櫃化運送（Commodities that are neither on pallets nor in containers）。

此類船舶具有如下特徵：

1. 艙口（Hatch opening）大：易於裝卸作業，縮短滯港時間；

2. 未自備吊桿（Cargo crane; Derrick boom）：利用岸基裝卸機具（Shore based gear），以降低成本；

3. 隔艙少（Less bulkhead）：方便裝卸作業；

4. 船速慢：降低燃油消耗，節省成本；

5. 肥瘦係數（Block coefficient）大：船型較寬、趨近方正，有利於增加裝貨量，但非流線型船體，不利於操縱與加速。由於裝載大宗貨物較不著眼於時效性，而是講求「量」大的規模經濟，因而通常不會對船速作太高的要求。

大宗物資包括農產品、燃料、金屬等，大都以散裝方式運送至現貨市場交易

Commodities include agricultural products, fuels, metals, etc., and are traded in bulk on a commodity exchange or on spot market.

圖 3.15　航行中的散裝船

圖 3.16　　滿載小麥的散裝船

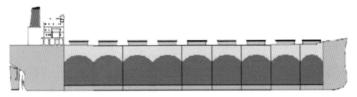

圖 3.17　　大宗物資（Homogenous Cargo）專用船

四、貨櫃船

　　從六〇年代崛起的貨櫃船，因具備縮短裝卸時間、縮短船舶滯港時間、裝卸不受天候影響、降低偷竊率、降低貨物受損率、降低航運（人事）成本等優勢，使得其成為目前海運市場成長最快速，幅度也最大的主流區塊。以貨櫃積載的貨物包羅萬象，從汽車備品、機器、玩具、成衣、牧草到冷凍肉類、海鮮都有。

圖 3.18　貨櫃船

五、油輪（Oil Tanker）

　　指裝載散裝原油或成品油的船舶。人類最早利用陶罐裝填植物油和酒，再裝船運輸；逐步發展成用木桶、鐵桶裝運植物油、鯨油、石油、啤酒等，再將這些桶裝的油或液體貨裝上普通的乾貨船運輸至目的地。如今則全面採用具雙重船殼（Double hull）的油品專用船運送，期以降低海洋遭受油污染的風險。

圖 3.19　油輪

六、郵輪（Cruise）/ 客船（Passenger Ship）

「客船」依據我國船舶法第三條規定，係指搭載 12 人以上之船舶即可稱爲客船（Passenger ships - usually defined as a ship carrying more than 12 passengers），並受國際海上人命安全公約（SOLAS; International Convention for the Safety of Life at Sea）與國際載重線公約（International Load Lines Conventions）的相關安全規定規範者。至於時下盛行的郵輪（Cruise Ship）之定義：「從某港口航行至另一港口，主要以安全、舒適、休憩或特定主題爲訴求的大型客船」；很明顯的，「運輸」並非郵輪的主要目的，獲利才是其主要考量。此與僅單純將旅客從某地載運至另一地的「客船」（Passenger ship）完全不同，因爲「客船」具公益特質，不以謀利爲首要考量，「運輸」才是其主要目的，例如我國專門穿行馬祖、澎湖等離島的「臺馬之星」輪、「臺華」輪即是。故而「郵輪」一定是「客船」，「客船」則未必是「郵輪」。

圖 3.20　郵輪海洋航行者號

圖 3.21　郵輪伊莉莎白皇后號（在基隆港東岸）

第四章　港埠設施

4.1 基礎建設

　　從「港口相關事業」的角度來看，「港埠使用者」涉及經營國際海上貨櫃運送終端站（Terminal）貨櫃場的「物流」業、旅客服務的「人流」業、港口綠化與廢棄物處理設施的「環境（工程）」業、耐震工程與避難設施的「安全（防護）」業等各具職場特徵的不同領域。又因爲每一港口相關事業的營運目的差異極大，故而如何針對事業本身特性，適當的獲致「降低運輸成本」、「藉由大型郵輪進港創造國際觀光收入的增加」、「廢棄物及陸上土方處理成本的降低」、「降低海難事故率」等效果，對於事業的營運進行定期評估是非常重要的。

　　之所以要對港口相關事業進行評估，乃是因爲近年來國內社會情勢的演變，使得公共事業領域在嚴峻的財政狀況與環保監督壓力下，面對基礎建設與設施加速老化的窘況，此乃當前港口管理機關與營運人必須克服的要務。

　　再者，近年來由於區域內新興國家的快速崛起，特別是海峽對岸，因此造成全球性的資源、能源、糧食等需求快速增加的局面。尤其我國四周環海，產業與民生必須的資源、能源、糧食等大都需仰賴

國外進口，使得港口在資（或）源穩定、穩定物價與強化國內產業的國際競爭力上扮演重要角色。

另一方面，在郵輪觀光領域，（2016～2017 年）亞洲郵輪旅運處於起步的萌芽階段，無疑會增加日後全球郵輪市場的需求，或是瓜分市場上有限的郵輪艙位供給量。反觀我國正進入人口減少、少子高齡化時代，務必藉由擴大國內外交流人口的增加，以維持我國在區域內的商貿活力，否則時日一久，國內郵輪港口勢必如同貨櫃港一樣被邊緣化，連帶的降低我國在亞太區域內的商機與生機。

面對此嶄新時代的需求，與社會情勢的演變，吾人若要確保港口相關事業的運作順暢，就需對港口相關設施的軟硬體設備重新評估並積極改善。因爲港埠設施對於港口，乃至國家經建與民生具關鍵性影響力。

港埠設施係指在商港區域內的特定場所（Specific location）爲便利船舶出入、停泊、海運與陸運間或船舶與船舶間的轉運（Transferred between land and water carriers）、裝卸貨物、倉儲、以及服務旅客所設置於水面、陸上與海底的相關設施。

環顧世界各大商港，少有一個港口能夠具備所有自然要素者，大多需加以人工建設改善，尤其近代造船技術進步，船舶愈造愈大，運輸事業日趨發達，貿易量大幅上升，因此港口如要具備現代化商港之功能，勢必要投以巨額建築資金與集先進技術之應用，否則常無法滿足港口使用者的需求。亦即現代世界各港，於自然要素以外，幾乎沒有一個港口是不需要經過人工改善而成良港者。例如臺北港若無觀音山隧道的開通，方便其聯外交通，其績效是難以拓展的。至於人工

改善的港埠工程設施情形，主在補天然要素的不足，所以要看該港自然要素之缺點而定。而港埠為使船舶能夠安全進港靠泊碼頭，從事運輸相關作業，除具備天然地理和經濟要素外，必須具備上述完善之設施，始可發揮其功能。

　　既然多數港埠的天然條件不足以滿足港口使用者的需求，就必須投入人工改善，而為達致預期要求，主事者在規劃與籌建港埠設施時就需考量下列因素：

1. **地形條件**：地表平整度，如有山丘及其他自然特性必須於工程進行前將其移除；此外，地上次表層（地質結構）之承載負荷以及排水問題均需詳察。

2. **水文條件**：沿著碼頭所在地之海底特質是否適合打樁，鄰近地帶淺灘存在之可能性，以及所需浚深區域之廣闊度等。

3. **氣候條件**：有關區域性盛行風（Geographic prevailing wind）、季節性季節風（Seasonal monsoon）和其他氣候特性是否會影響船舶泊靠碼頭，以及貨物（櫃）裝卸作業。

4. **海洋條件**：針對海浪（Seas）、湧浪（Swell）和海流（Sea current）的衝擊作用對港口結構物之影響，設置諸如基樁、船舶靠碼頭之穩定與安全、防波堤等設施的必要性。

5. **施工費用**：包括回填土地數量、回填土方（Earthworks）的性質以及可取得回填料之種類等，均應一併估算。

6. **土地費用**：是否已經取得適合土地？土地是否屬廢棄地或低價地？是否需要回填造地？土地徵收難易度的相關評估等。

　　一般河海工程界依設施的完備程度將港埠設施分成三類，即：

1. 經整理過的固定港埠設施（Fixed-port facilities）；

2. 未開發完備的港埠設施（Unimproved port facilities）；

3. 完全未經人工開發的港埠設施（Bare beach port facilities）。

　　此等港埠設施依灣靠的船舶種類可再細分成雜貨船區（General cargo terminal）、貨櫃船區（Container terminal）、駛上駛下型船區（RO/RO terminal）與綜合區（Combination terminal）等。

　　基本上，只有雜貨船區適用所有船型船舶的作業，餘者則需要設置供特定（裝卸貨）目的使用的固定港埠設施。固定港埠設施通常具備最先進的設施與設備（State-of-the-art facilities and equipment），並能夠有組織（安排有序）的支持貨物裝卸、上下旅客，與港口通關作業（Port clearance operations）等作業。至於「綜合區」在實務上多稱為「多用途碼頭」（Multi-purpose terminal），其特色為可同時提供不同設備、服務，供不同種船舶與貨物裝卸使用，以達成碼頭人力與設備利用最佳化（Optimization）之複合式碼頭。

　　從建築結構的角度來看，港埠設施可區分為基礎設施（Infrastructure）和上層建築（構造物）（Superstructure）兩種。英文「Infrastructure」一詞之字首「Infra」即指「在下、在下部（below、under、beneath）」之意，所以基礎設施主要指碼頭、泊位、橋道；至於上層建築和構造物則是指位於基礎設施上部的設施，例如裝卸貨物起重機、露置堆積場、倉棧、CFS（Container freight station）倉庫、以及水平搬運作業之貨物處理機具（例如堆高機、Yard crane）等。

　　若從功能角度來看，則港埠設施可分成如下：

1. 水域設施：航道、錨（泊）地；

2. 外廓設施：防波堤；

3. 繫泊設施（Berthing facilities）：碼頭、岸壁、棧橋、繫船浮筒；

4. 臨港交通施設：臨港道路、臨港鐵道；

5. 裝卸貨設備：起重機／橋式機、輸送帶、倉庫；

6. 旅客設施：旅客乘降用施設、客運碼頭與旅客中心；

7. 倉儲保管：堆棧倉庫、堆積木材、石材、建材之後線（露天）場地、貨櫃堆積場；專供及隔離危險物品（Dangerous goods）之儲存空間；

8. 船舶維修與後勤補給：船塢及修理工廠、污油、廢水、垃圾回收；

9. 助導航設施：燈塔、浮標。

　　以下從船舶自外海進港方向依序將港口配置的一般性設施列述如下：

一、防波堤（Breakwater; Seawall; Bulwark; Mole、ぼうはてい）

　　指位於港口水域外圍，用以遮擋風浪、減少海岸的侵蝕、確保港內有平穩水面供船舶停泊或避難（Harbourage）的水工（Hydraulic works）建築物。突出水面伸向水域與岸相連的稱突堤，築於水中與岸不相連的稱島堤。堤頭外或兩堤頭間的水面稱爲港口口門（Harbor entrance）。口門數和口門寬度應滿足船舶在港內停泊、進行裝卸作業時水面穩靜，以及進、出港航行安全且方便的最基本要求。有時，防波堤亦常被設計成較小規模，並設置於離岸近百米處做爲防範沙灘流失用途，或兼用於防止泥沙和浮冰侵入港內。

圖 4.1　防波堤

　　防波堤既然爲防止波浪之衝擊，吾人就需對波浪有基本認識。常言「無風不起浪」，海面上會有波浪的主要因素，乃是空氣先因爲氣壓梯度與壓力變化而產生風，進而吹動海水，並因水面的表面張力而發生振動（波）。形成的小波浪持續承受風吹的剪力，蓄積能量而使波形逐漸增高、波長亦逐漸增長，故有波瀾壯闊的情景，接著則因重力的緣故，使得激揚於海面的水波回降至原來之水位，因此伴生有重力波（Gravity wave），再則因風速減緩或停止，而使波浪的前進速度大於風速，此時波浪系脫離揚（興）波區域（Wave-making area）朝向靜水域前進，而成爲湧浪（Swell），此後波高減低、能量減少並呈衰減現象，最後因已無法繼續維持波形而瓦解。有謂是「大海後浪推前浪，前浪死在沙灘上」，端屬自然現象。

　　波浪依其蘊含的能量和衝擊力，有連漪、蕩漾、潮汐、湧浪、重力波和行星波等數種，我們在海岸邊所見到的波浪，以重力波盪最爲普通，週期從數秒至十數秒，波長由數公尺至數百公尺，波高則可達十餘公尺。波浪由外海傳送至近海時，由於水深變小、波速變慢、波

長變短，致使波峰增高，因此波形變得愈爲明顯。當重力波無法在海岸附近保持原來的波形時即會成爲碎波（Surf、Breaker），並散逸出能量，對岸邊地形變化、沿岸海流及漂沙均有影響。

　　防波堤之陸上堤垣，又名海堤（Sea wall），在海中部分，才稱爲防波堤，但一般皆統稱其爲防波堤。防波堤爲港埠作業水域之最外極限，其內應包括足夠港埠所需之水域與海陸地，故防波堤之配置，應就築港之需要與實地地形及水文資料妥爲規劃，始能發揮防浪阻沙之功能。

　　防波堤係以石塊、混凝土結構物，與沉箱（Caisson）結合而成。建築在海中之堤垣，下坐海底，上達其設計高度，以其自身之重量與強度遮斷外海的波浪，並具有防阻漂沙進入港內之功能，使港內水域保持平靜與阻止漂沙（Drift sand）之淤積，進而使船舶能在港內安全而順利的進行各項作業。沉箱係在岸際由混擬土預爲鑄造（Prefabrication）而成，再拖運至防波堤預定地沉放。

圖 4.2　在陸上預鑄築堤使用的沉箱

圖 4.3　將完成的沉箱拖帶至預定地點投放

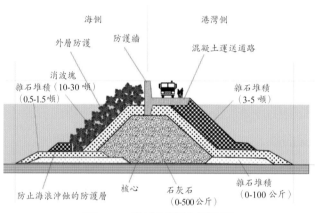

圖 4.4　防波堤構造側面圖

防波堤

A mole or breakwater is a massive port structure made of masonry or large stone blocks laid in the sea to protect the harbour from waves and current.

　　決定防波堤基本需求（Basic requirements）的主要因素（Factors）

為：

1. 港口與趨近水道的種類，可預測的未來發展，以及現有的地理
　　環境狀況（The kind of port or harbor and approaches, foreseeable
　　future developments and the existing geographical environmental
　　conditions.）；

2. 灣靠港口的船舶種類（The type of ships calling at the port.）；

3. 水文方面的預期變化（Expect change on hydrological aspect.）；

4. 港口管理機關在港區與港區附近所提供的服務（The service offered
　　by the port management in and around the port areas.）；

5. 現有防波堤的功能（The function of the existing breakwater.）；

6. 現有防波堤的缺點（The short-coming of the existing breakwater.）；

7. 其他必備的安全因素（The required safety factors.）。

　　而惟有審慎評估上述因素後，始能確保港口防波堤之建造，可以

滿足下述基本需求：

1. 應包圍一相當廣闊之外港水域，以便船舶於進港之後，有逐漸
　　減速，或出港以前，有逐漸加速之充裕時間，亦即防波堤內應
　　有足夠之縱深（Reach）讓船舶加、減速，以及供船隻安全廻旋
　　（Turning）之水域。

2. 隔絕港外風浪及海流之襲擊，使港內船隻停泊安全、貨物之裝卸
　　便利。

3. 方便船舶進、出港，即使在惡劣天氣亦不致影響出、入船舶之安
　　全。

防波堤依其建築之形式，分為三類：

(1) 海堤：係由海岸線起延伸至海水深處，圍成一片安靜水面之外港。某些港口直接利用海堤本身，建造停船碼頭、修築倉庫者。

(2) 導（沙）堤：係由海岸起向深水延展，其目的在防止淤沙阻塞航道，故多建造於流沙量大之海岸，利用導引效用使流沙遠離航道。所以導堤具備束水攻沙、刷深航道之功效。

(3) 破浪堤：破浪堤是不與海岸相銜接，孤立於海岸線之外，主要在於防止波浪向港內侵襲，而其兩端則往往為船舶之入出口，如法國之馬賽港。

防波堤型式之選擇，需根據海岸之天然狀態、地質種類、風力風向、海流方向、潮汐大小、進出口船隻之類別及多寡等因素而決定之。又防波堤按其斷面形狀及對波浪的影響可分為：斜坡式、直立式、混合式、透空式、浮式等多種類型。一般多採用前三種類型：

1. **斜坡式防波堤**：常用的型式有堆石防波堤和堆石菱體上加混凝土護面塊體的防波堤。斜坡式防波堤對地基承載力的要求較低，可就地取材，施工較為簡易，不需要大型起重設備，損壞後較容易修復。波浪在坡面上破碎，反射較輕微，消波性能較好，一般適用於軟土地基。缺點是材料用量大，護面塊石或人工塊體因重量較小，在波浪作用下易滾落走失，需經常修補。

2. **直立式防波堤**：可分為重力式和樁式。重力式一般由牆身、基床和胸牆組成，牆身大多採用方塊式沉箱結構，靠建築物本身重量保持穩定，結構堅固耐用，材料用量少，其內側可兼作碼頭，

適用於波浪及水深均較大，而且地基較好的情況。其缺點是波浪在牆身前反射，消波效果較差。樁式防坡堤一般由鋼板樁（Steel sheet pile; steel sheet piling）或大型管樁構成連續的牆身，板樁牆之間或牆後填充塊石，其強度和耐久性較差，適用於地基土質較差且波浪較小的情況。

3. **混合式防波堤**：採用較高的明基床，是直立式上部結構和斜坡式堤基的綜合體，適用於施工水域水深較深的情況。

　　由於船舶日趨大型化的需求，防波堤建設日益走向深水區，而大型深水防波堤大多採用沉箱結構。

二、消波塊（Tetra-Pod）

　　為保護防波堤，在防波堤外沿拋置塊石或各型消波塊，用以消波護堤，稱為「防護塊」，業界俗稱「肉粽」，旨在利用其多面化的形體和堅硬的體材保護堤防或海岸線免受海浪直接衝擊受損或侵蝕流失。

　　其源自二次大戰期間北非戰線，法軍採用菱形水泥塊阻擋德軍坦克前進。戰後清理戰場，將此等水泥塊體拋在卡薩布蘭卡防波堤周圍，以替代護堤方塊。原本純為廢物利用考量，不料其消波效果甚佳。隨即由 Sogreach 水工試驗所研究證明其確有消波作用，安定性良好，於是取得世界性專利。此為異形消波塊的鼻祖，之後各種形式的消波塊相繼推出，並各自詡其性能。

　　必須強調的是，大自然的力量，尤其海浪之能量甚大，沖刷力極

強，每對此等用以護堤之塊石或消波塊造成損壞或流失，故需經常檢
查補充之。

圖 4.5　消波塊保護防波堤主體結構免受海浪沖擊

圖 4.6　基隆港西防波堤外保護防波堤的消波塊

　　消波塊的形狀有十餘種之多，最常見到者係被稱為「石粽子」的
型式，它呈均衡對稱的角錐之狀，也宛如是從中心點向四個具相同角
差的方位伸展出四支腳。此一形體的消波塊易於堆疊，且可交錯放置

而保持穩定，讓迎面拍打而來的波浪仍可穿過消波塊之間的空隙、但則可消解掉其衝擊力。

　　蓋無論是水流或氣流等流體（Fluid）的力量，若以穿透性低的建材去阻擋它的流動，不僅阻擋物易致受損，尚且會在其周遭形成亂流，因而必須留有縫隙或穿透孔好讓部分流體通過，才可削減波浪衝擊力亦可讓流體平順。再則需就水流的流向、埋放消波塊位置的土質、所欲保護堤岸的坡面角度、消波塊被堆放後的穩定度，乃至於對受保護地點生態景觀的影響並同考量，而選用最適宜形體的消波塊。以河口沙地為例，蟹類即是因堆疊消波塊，使其生存環境面臨明顯改變的威脅，若在沼澤處則更會破壞整個溼地的生物衍殖體系，所以兼顧保護河海岸與原地既有之的生態，乃現代化工程必須妥慎思慮的要事。

　　再者，無論防波堤或消波塊，兩者固然有保護岸面、河床與穩定水流的功用，但則要避免過度濫用，否則將肇致河海岸邊、出海口的水泥化景象，且防阻排水並浪費建造和吊運的經費。部分的河海岸，若水流出沖刷程度不強，則可採用蛇籠或鋼板樁以保護其基底。

三、航道（Fairway; Water Channel）

　　指位於開闊、無障礙的可航水體（Navigable body of water）中的航行通道，例如在港灣、湖泊和海峽中的航行通道，一般是指連接外海和港灣間的通道。包括由相關管理機關指定在標示疏濬航道邊界以外的可航水體（USACE 2006）。航道通常為河川、港口，

特別是可航水路（Navigable passage）的最深部分，並經政府部門（Governmental entity）保證在該水路經公布的最小寬度（Specified minimum width）與最低水深（Minimum depth）部分，可供各類船舶在適當水位期安全地自外海通至港口（內河、湖泊），而達各碼頭之通航水域（道）（Navigable waters）。然因船舶種類很多，有大有小，而儘管不同類別和大小的船舶的功能相異，但其作為水上運載工具的屬性是相同的，所以只要具有能讓大型營運船舶和中小型艇筏通航條件的水域都具有航道的實質意義。

又從航行安全的需求考量，航道應由通航水域、助導航設施（Navigational aids）和水文條件（Hydrographic conditions）組成，此乃商港之物理先決條件。

航道（**Fairway**）：河道、港口或其它部份封閉水體的可航行水域

The navigable portion of a river, harbor, or other partly enclosed body of water.

航道基本上可分類為：

1. 依形成成因：天然航道、人工航道；天然航道是指自然形成的江、河、湖、海等水域中的航道；人工航道則指在陸上人工開發的航道，包括人工開闢或開鑿的運河和其他通航管道，如平原地區開挖的溝通水系或運河，山區、丘陵地區開鑿的水閘式越嶺運河，

如巴拿馬運河即是；

2. 依使用性質：公用航道（一般商用）、專用航道（軍用、特定產業）；

3. 依所在水域位置：沿海航道、潮汐河口航道、內河航道；

4. 依船舶航行方式：單、雙、多向航道；

5. 依航道斷面形式：天然水深航道、挖濬式航道、運河式航道；

6. 依國際燈塔協會（IALA）的交通管理機制：分道航行制（Traffic separation scheme）、雙向航道（Two-way route）、建議航道（Recommended route）、環狀航道（Roundabout）、深水航道（Deep sea route）。

　　而無論天然或人工航道，在改善航道航行條件或開拓航道時，通常包括以下工程：

1. 航道疏濬；

2. 航道整治；

3. 開挖運河；

4. 渠化工程。

　　臺灣本島河流多屬坡陡流急，難以行船，因而探討航道規劃時，即不將河川的航道規劃納入。其實，河川彎曲、流急、灘多的地理特性，皆是航行安全的最大障礙，此也是在河流上興建航道工程時，常要耗費鉅資與採用高度技術的原因所在。

　　從航行安全的角度來看，航道應具備下列條件：

1. 足夠水深、寬度和彎曲半徑（Radius of curvature）；

2. 足夠的水上靜空（高度與寬度）；

3. 適宜的航行條件，力求風、浪、流、能見度的影響程度降至最低；

4. 必要的助導航設施（Aids to navigation）。

1. 足夠水深、寬度和彎曲半徑

航道應具備之條件，爲有足夠船舶安全航行之寬度及水深，該項寬度及水深，雖因主航道與支航道之要求不同，但皆應以築港規劃時預估來港最大噸位船舶之寬度及吃水爲設計之依據。

(1) 足夠的航道深度

航道深度是指全航道中所具有的最小通航保證深度，它取決於航道上關鍵性的區段和淺灘上的水深。航道深淺是以船舶吃水和載重量爲主要考量因素。航道深度增加，可以航行吃水深、載重量大的船舶，但航道加深，必然會使整治和維護航道的費用相對增高，因此，設計航道深度應全面考慮。一般採行之航道深度公式爲：

$$最小通航深度 = 船舶滿載吃水 + 餘裕水深$$

海運實務上，所謂水深（Water depth）的足夠與否，通常是指相對於特定船舶最大吃水的海水（河川）深度，因而是相對性的，例如一樣的水深對甲船是足夠的，但對乙船卻是不夠的。爲確保船舶安全，國際海運社會多遵循「歐洲引水人協會（EMPA）」建議，要求船舶通航水道、錨泊或泊靠船席的安全水深，應爲船舶的最大吃水（Max Draft），加上一公尺或該船最大吃水的 1/10，由船長依該船狀況自二者取其一。而此基於安全考量的船舶龍骨下之水深間隙（Under keel clearance; UKC），一般以「龍骨下之安全水深餘裕」（Under keel safety water depth allowance）稱之。

(2) 足夠的航道寬度

航道寬度視航道的地理與商業條件而定，但一般多為雙線航行的設計，採單線航行的情況極少。其設計公式為：

航道寬度＝同時交錯的船隊或船舶的寬度之和＋餘裕寬度

通常主航道寬度之計算，以航行該航道船舶的最大船寬之 6～7 倍為航道寬度，並以容納兩艘船舶同時（相會）航行為原則。

另外，日本海難防止協會「航行安全系統研究委會」委員長東京商船大學豐田清治教授則主張決定轄屬航道的對象船舶的大小的方法可以下式具體數值表示之：

①相同大小的迎艏相遇（對開）船舶的情況下所需要的航道寬度

$$= L + 2(1.8B + 1.7B)$$
$$= L + 7B$$
$$\fallingdotseq 2L\ (\because 7B \fallingdotseq L)$$

式中 L ＝船長；B ＝船寬

之所以主張在設計航道寬度時應考量餘裕寬度，乃是當船舶以極近的距離在受限水域（Restricted waters）內對開情況下，會因兩船相對位置變化產生水體壓力差異，因而產生所謂的相互作用力（Interaction forces），此力會在兩船交會通過的過程中影響船體態勢而生偏轉（Sheer）現象，進而發生船舶碰撞（Collision）事故。請參閱下圖。

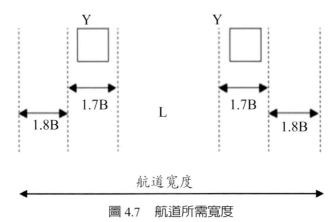

圖 4.7 航道所需寬度

Side clearance: 1.8B　Ship's lane: 1.7B　Ship's clearance: L
L：Y 噸的船舶長度　B：Y 噸的船舶寬度

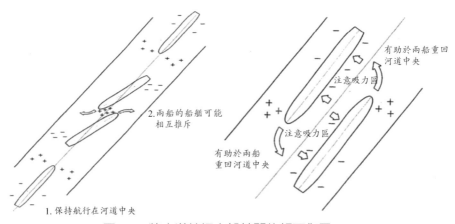

圖 4.8 狹水道航行中船舶間的相互作用

【註】

　　早期貨船考慮巴拿馬運河通航寬度，都將船寬設計為 32.2 公尺，如今運河拓寬，大型貨櫃船與郵輪都將船寬延展至 42～48 公尺。

(3) **適宜的航道曲率半徑**（Radius of curvature）

「曲率半徑」主要是用來描述曲線上某處的彎曲變化程度。圓形半徑愈大，彎曲程度就愈小，也就愈近似於一條直線。所以說，曲率半徑愈大曲率愈小，反之亦然。要測定曲線的彎曲程度，可以利用「該曲線在單位弧長上方向的改變量」來作為測定的工具。（Radius of curvature is the linear distance between the pole and the center of curvature.）

如果對於某條曲線上的某個點可以找到一個與其曲率相等的圓形，那麼曲線上這個點的曲率半徑就是該圓形的半徑（曲線上的每一點都有其各自的曲率半徑）。

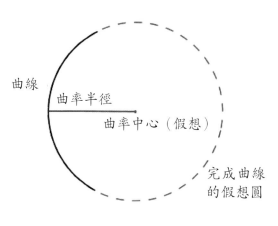

圖 4.9　曲率半徑

航道的曲率半徑是指航道中心線上的最小曲率半徑。一般航道曲率半徑不得小於最大航行船舶長度的 4～5 倍。若河流轉彎半徑過小，將造成航行困難，應加以整治。若受自然條件限制，航道轉彎半

徑最低不得小於船舶長度的 3 倍，而且航行時要特別謹慎，或尋求外
力支援，如雇用拖輪（Tug boat）協助運轉，以防止事故。

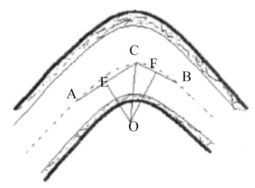

圖 4.10　河道的曲率半徑

A～B 各點為船舶在彎曲航道中航行時，為保持船位在河道中央，
分段逐漸轉向時的向量變化。

圖 4.11　船艉繫帶拖輪協助（轉向、制停）運轉

圖 4.12　船艏繫帶拖輪協助（轉向、增速）運轉

2. 足夠的水上靜空（高度與寬度）

　　全世界有許多商港位於河道內，因而在航道航行中常要穿越大橋。故而跨河建築物如橋梁、電纜等都應符合水上淨空要求，否則船舶桅桿即有觸頂之虞。除了可動式橋梁外，一般橋梁結構多屬固定，因而影響淨空高度的變數，就是潮汐的漲落與船舶的吃水，亦即要考量漲潮時，橋梁下緣至水面間高度，是否能夠讓船舶能夠不觸頂的安全通過。

圖 4.13　可動（上開）式橋梁

圖 4.14 舊金山的金門大橋（Golden Gate bridge）

3. 適宜航行的水文條件

　　除了地理特性與盛行季節風外，風向的轉變與風力的強弱主要隨著氣象系統的移動而生變化，然在當前大氣科學進步環境下，風向與風力大多是可以精準預測的。相同的，因潮汐漲落所生的潮流（Tidal current）之流向與流速亦是可以預估的。

　　從環境因素來看，風與水流是影響船舶運動的最大外力因素。基本上，當船舶輕載時，因水上面積相對變大，即受風面積（Windage）較大，故而受風的影響較大。反之，船舶重載時，因吃水較深（Deep Draft），即水下側面積相對變大，故而受水流影響較大。而兩者的作用都會使船偏離預定航線（Deviate from intended track）。如不考慮流水影響，停止中船舶的迴轉支點（PP; Pivoting Point）位在船體中央處（圖 4.15 中的 1），而前進航行中的船舶（圖 4.15 中的 3）因迴轉支點會移向偏船艏側，一旦受風的影響，因船體

迴轉支點前後力矩的差異，每有駛船艏向偏向上風的趨勢。至於倒俥時（圖 4.15 中的 2），則有使船艉朝向上風的傾向。此純因支點隨著船舶運動在船體縱向中心線上移動，致力臂產生變化所致。

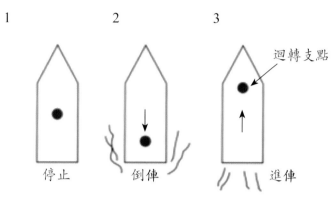

1　　　　　2　　　　　3

停止　　　　倒俥　　　　進俥

圖 4.15　船體迴轉支點的變化

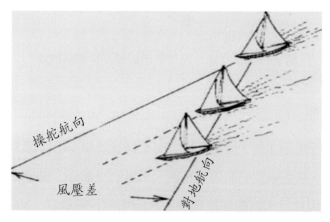

圖 4.16　運動中船舶受風力的影響

至於潮流，除了會與風的作用一樣使船舶產生偏航外，船舶的航

行速度更與流速有如下關係：

順流時：船速＝船舶靜水速度 ＋ 流速

逆流時：船速＝船舶靜水速度 － 流速

　　顯然航道中的流速不宜過強，因為如果流速太強，船舶必須加大推進功率始能克服水流的影響，此大幅地增添了船舶在航道內的操船難度。

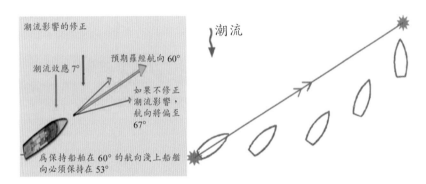

圖 4.17　水（潮）流作用使船舶產生偏航現象

1. 必要的助導航設施（Aids to navigation; Navigational aids）

　　水上行船不如路上開車一樣，有交通號誌與車道線等固定指導標誌。反之，船舶航行的航道只是廣大水域的一部分，加諸海底地形變化萬千，因此為確保船舶能夠迴避危險與航行障礙物（Navigational hazards），安全地進出航道，就需依照國際燈塔協會（IALA）的規定設置航行輔導標誌，標示出安全航道的位置所在和範圍，這種標誌稱為助導航標誌（Navigational aids）。基本上，助導航設施包括燈

塔、燈桿、燈船等。茲分述如後：

(1) **燈塔**（Light house）

指位於海岸突岬（Prominent headland）、港口或河道入口（Entrance）、險要的沙洲或暗礁、孤立危險物（Isolated danger）、通往港區的航道或其他需要對航海人員提出警告之處，以指引船舶航行與協助測定船舶位置的建築物。燈塔大都類似「塔」的形狀，透過塔頂的透鏡系統，將不同燈質（Light characteristics）的照射光束（Illuminating beam）射向海面。然由於現代船舶的電子導航設備已經非常先進，使得人為操作的燈塔數量大幅減少，全世界約只剩下 1,500 個仍在運作的燈塔。

圖 4.18　燈塔

(2) **浮標**（Buoys）

浮標為助航設備中最普遍使用的一種，其有各種形狀與大小，皆浮於水面，並以重錨（Anchors）或墜子（Sinker）繫於海底。依其形狀或顏色、視覺或音響信號之特性，將導航資訊傳達於航海人員。浮

標通常設有具反光物質之寬條或附加反光物質標誌，以提升夜間被發現之機會，另有很多浮標亦裝有雷達反射器（Radar reflectors），以利船上雷達發射的脈衝波（Pulse wave）觸及後能夠易於在雷達螢幕上顯示目標回跡（Echo）。

　　浮標系統（Buoyage system）包含漂浮的、固定的、發光的及不發光的助航設備，用來標示航行水道。浮標可使用側面系統（Lateral system）、基點系統（Cardinal system）或兩系統之混合使用。側面系統用以指示可航航道之一側或兩側；亦可用於航道匯流點（Junction）及分岔點（Bifurcation），指出經過危險區之安全一側，及標出水道中安全之中心線。而基點系統則用以表示船舶應避開危險物所在之安全一側，其共分為四象限標誌，即北、東、南、西。例如東象限標誌，則應從其東方通過。

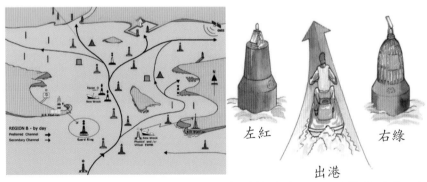

我國採用（IALA 助導航系統 B）

圖 4.19　浮標系統

利用不同型狀、顏色、燈光的浮標引導船舶進出港口的助航標誌系統。

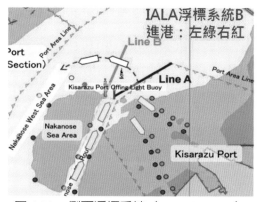

圖 4.20　側面浮標系統（Lateral System）

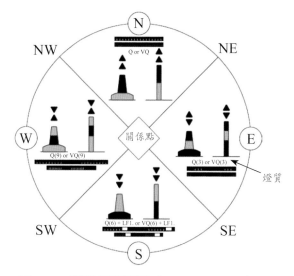

圖 4.21　基點浮標系統（Cardinal System）

(3) **日間標桿**（Day beacon）

　　係由一根或多根立樁（Piles）或繫柱（Dolphins）打入水底或岸際，其上設置一至數塊標示牌（Signboard）或簡易燈光稱之，惟使用

燈光者稱燈標。航海人員經由日間標桿的顏色、形狀，標示之文字或號碼以識別航道。日間標桿之設計，亦有將反光物質（Retroreflective material）作爲其中之一部分。由於日間標桿之維護費用較低，故在水深較淺之內陸與河川水域內，常用日間標桿以代替浮標。

圖 4.22　燈標

(4) 燈船（Light ship）

爲經由特別設計的船隻，下錨於一精確測定之位置上，與其他助航設備一樣，燈船上裝設有高強度之（導航）燈。故當特定水域需要一離岸燈光時，基於建築難度或財政考量，亦可設立一燈船代替岸際燈塔。目前之趨勢係以固定建築之燈光或一大型航用浮標（Large navigational buoys）替代燈船，美國人簡稱其爲「LNBs」，而歐洲人則簡稱其「Lanbys」。此種離岸燈光在操作與保養上皆比燈船方便、經濟。

(5) 疊標（Ranges）

係成對的助航設備，有燈光或無燈光均可，係以連接兩目標延

伸至水域航道之直線標示。歐洲稱其為導航線（Leading line）。當前後兩標或燈光成一直線時，航海人員即可依此經過安全之航道。疊標亦可用來標示航道上之轉向點（Turning points）或以疊標構成一特定方向作為校正羅經之用。疊標對於通過有橫向潮流（Tidal current set across）或兩旁有淺灘之航道甚為有用。

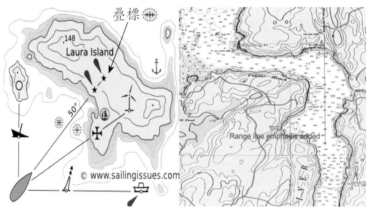

圖 4.23　海圖上的疊標標誌

圖 4.24　日間觀測到的疊標

(6)雷達信標（Radar beacons）

　　為一可在船舶雷達發射頻帶中操作之裝置，在雷達信標操作距離範圍內產生足以識別出之訊號，使之在船舶雷達螢光屏幕上顯示代表國際信號簡碼之回跡信號。通常此種示標有兩種，一為雷達訊標（RACON）又譯「雷控示標」，可提供方位與距離之訊號，另一為雷達航標（RAMARK）又譯「雷碼示標」，僅供方位識別訊號。

　　雷達訊標（RACON）為一雷達詢答裝置，當其接收到船舶雷達所發射之觸發脈衝波時，可即答詢繼而發射其特性訊號，並在船上雷達顯示器上顯示。雷達航標（Ramark）乃一連續或間斷發射之雷達示標，由於間斷週期性發射，可使螢光顯示屏幕不致受到雷達航標所形成之雜斑而影響雷達觀測。在雷達平面位置指示器（Plane position indicator; PPI）上，由一連串之點所組成。雷達示標常配合其他助航設備而設立，如設立在燈塔或浮標頂部。

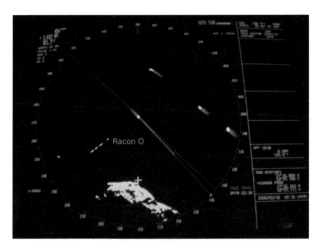

圖 4.25　雷達螢幕上顯示目標的雷控示標

（摩斯國際信號簡碼：「O」—— ）

四、迴船池（Turning Basin; Swing Basin）

迴船池指港區內供船舶調頭及轉變航行方向（Allow ships to turn and reverse their direction of travel）之空曠水域，其所需水上面積之大小，視利用該迴船池單日調頭或轉向船舶之艘數，以及調頭轉向船舶最大之長度而定。迴船池之最小面積為二倍船長半徑所成之圓面積，此為船舶能以最低速自力航行迴轉所需之最小水域。如用一艘船長作為半徑所成之圓面積水域，船舶必須反覆使用進、倒俥操作，或僱用拖船協助推頂，始能完成迴轉。

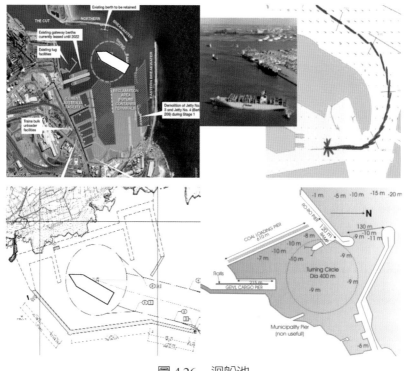

圖 4.26　迴船池

　　迴船池中需有足夠水深及穩靜水面，故而在築港初期進行航道與碼頭規劃時，就應考量迴船池的位置與迴船時所需之水域，而且應將影響港區船舶交通的可能性降至最低。

五、錨地、泊地（Anchorage; Roadstead）

　　從航運經營與經濟效率的角度來看，船舶抵達港口「隨到隨靠（碼頭）」（Berthing on arrival）是最理想的要求。但有時候因港口船席擁塞（Port congestion）或碼頭作業延遲，迫使抵港船舶必須在港外等候船席或碼頭（Vessels have to queue up outside a port and are waiting for a berth），此時若不暫停主機運轉，勢必造成燃油的無謂消耗，因此船長通常會選擇拋錨等候，直到確定有碼頭可停泊後再起錨進港。此外，亦有船舶因預期航程中恐遭遇極度惡劣天候，不得不選擇良好錨地拋錨，等到天候海況改善後，再起錨繼續後續航程。因此錨地的安全與否，是船長最需考量者。

　　錨地又稱為泊地，係指可供船舶免於遭受來自港外波浪與潮流影響的劃定船舶拋錨水域，亦即船舶可安全錨泊的水域。錨地的外廓可能由人工修築之防波堤所圍護，亦有係天然地形，如島嶼、岩礁及陸地等包圍而成之良好遮掩（Well sheltered）水域。如此才能讓在錨地等候進港或調整船期的錨泊船免於因船體搖晃擺動（Snatching）而產生流錨（Dragging）現象。

流錨：因爲（外力影響）船錨無法抓住海底，使得船舶
　　　漂離其原本的錨泊位置。

Dragging anchor: vessel to move away from its original anchored position because the anchor has failed to hold.

基本上，船舶拋錨的原理乃係利用拋錨鬆鏈後，以臥躺於海底的錨鏈重量來固定船位，而錨鏈則是利用錨爪崁（抓）入海底來固定的。

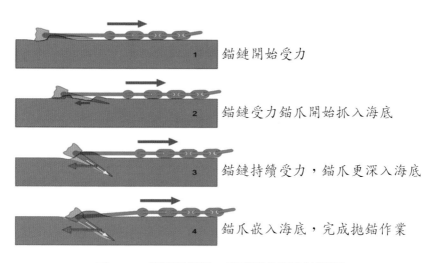

圖 4.27　船舶拋錨後，錨爪抓住海底的過程

因此錨地的先決條件就是要靜穩的水面、足夠的水深、寬廣的水域及良好的水底底質，以維護船舶進出港航行、操縱、錨泊之安全。以下特針對此等條件加以闡述之：

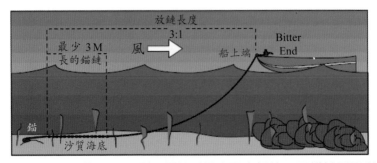

圖 4.28　船舶拋錨鬆鏈後，利用錨鏈重量來固定船位，而錨鏈則是利用錨

爪崁（抓）入海底來固定的

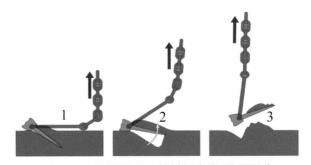

圖 4.29　舶起錨時，錨被絞起的過程示意

船上起錨機開始作動，錨鏈吃力後，錨爪就會翻轉出土，失去水平
抓著力而被絞出海底。

1. 錨地水深（Water depth of anchorages）

　　為避免錨泊船舶擱淺（Aground）或觸底（Touched bottom），錨
地需有充分水深，亦即水深要大於船舶吃水。基本上，錨地的設計
水深，除了要考慮進、出當港的船舶中吃水最深者為標準基數外，
尚需考慮港區的潮汐高度（Tidal height）變化與波浪高度（Wave
height），以確保安全。

2. 錨地之水域

　　船舶在錨地拋錨後所占之水域面積，依船舶拋錨方法之不同而有所差別，因為若拋單錨，船體常會隨著風向變化及潮流轉向之方向，以錨為支點作定期轉向或不定向的迴轉，此船體作迴轉運動的範圍，即其錨泊所需之水域面積。此外，若從船之艏、艉各拋一錨，或利用纜繩將船繫固於錨地的繫船浮筒（Mooring buoys）上，則船體就不會因風向及潮流而生迴轉運動，亦即其占水域面積較小。唯當前船舶船型愈趨巨大化，加諸繫泊浮筒作業費工費時，故而現代港口皆揚棄利用繫船浮筒固定船舶的作法。

　　計算船舶錨泊所占水域面積之大小，必須先了解船舶的拋錨方法。一般在天候海況良好情形下拋錨時，鬆出錨鏈之長度，約為水深的三至四倍。又錨鏈之長度以「節」（Shackle）為單位，一「節」為 27.5 公尺。一般船舶的錨鏈長度約介於 11～12 節之間。所以計算單船錨泊所占水域面積應為以船長（Ship's length）加上被鬆出的錨鏈長度（Chain scope）為半徑的圓形水域。實務上，港埠管理機關為有效管理與充分使用有限的錨泊水域，許多國際大港或樞紐港，如蘇伊士運河北端的塞得港與南端的蘇伊士港，都在錨泊區依據欲灣靠該港口，或等候通過運河船舶的大小船型劃出錨泊圈（Anchoring circle），並在海圖上標註各錨位圈的號碼，以便抵港船舶依港埠管理機關指定（號碼）的錨位（Assigned anchoring position）前往拋錨。此作法與當前各沿海國奉行的海域空間規劃（Marine spatial planning; MSP）理念是一致的

圖 4.30　錨地標示錨位圈示意圖

　　茲將各種錨泊法所占之水域面積分述如下：

(1) 單錨法：從船艏拋一錨碇泊之，多用於港外，如在港內，需有
　　廣大錨地始可。一般以船長加九十公尺作半徑畫一圓形即是。

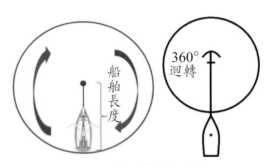

圖 4.31　拋單錨所需水域

(2) 雙錨法：從船、艏各拋一錨碇泊之，此為船舶在港區內錨泊時
　　最普遍的方法。以船長加四十五公尺作半徑畫一圓形。

六、船渠（Lock）

　　船渠又稱泊渠，大多設於潮汐漲落較大之港口，如安特衛普、阿姆斯特丹等內陸港即有此設施，指在適當的可航水域，依地形圍建成渠道，並在渠道兩端設有能夠控制水位的閘門，讓船舶通過進入受潮水域（Tidal affected waterway）的碼頭泊靠，一般多為長方型，而其長度應超過容許進出港最大長度之船舶。其功能在於既可保持泊位不受潮汐漲落影響，具備一定的水深，又可補救港口水域面積之不足。基本上設在船渠兩端的閘門（Lock gate），每當遇有船舶出入時，得視潮汐狀況，啓閉其閘門讓船舶通行，以便裝卸貨物或離港。實務上，船舶常需配合潮汐狀態，調整抵達或出港時間。

圖 4.32　阿姆斯特丹港的船渠

圖 4.33　比利時安特衛普港的船渠

一、運河（河渠，水道；人工水道）（Canal; Artificial Waterways）

　　指經由人工開鑿的水道，通常指在沒有既有航道的內陸開鑿，供船隻通航（For water conveyance, or to service water transport vehicles）的水道。運河的邊緣或邊界一般都延伸至水面以上，具有可見的岸坡。船舶航行於運河內常會發生顯著的「船岸效應」（Bank effect）。「船岸效應」係指在受限水域內，因水體的流動受到限制致在船體週邊產生壓力不等的水壓區，而影響到船舶的操作，最常見的就屬行進中的船舶易於產生偏轉（Sheer）的現象。

4.2 港埠設施

如同前述，顯然一個完善的商港必須具備足夠之船席（Berth）與完善之碼頭（Wharves/ Piers）、倉庫（Warehouse）等設施，如缺乏此等條件，則船隻無法出入停靠，上下旅客及裝卸貨物，亦無法招致船舶之往來，以達成商港貿易之目的。以下就船席、碼頭、倉庫等設施提出說明：

一、碼頭（Wharf）

碼頭係指建於港邊或河岸上之人工建築物（Structure），爲供船舶直接靠泊裝卸貨物、乘載旅客所用之陸海衛接場地。一個碼頭可只有一座，但通常包括數座船席，碼頭上並設有倉庫或其他供處理船舶泊港相關作業的設施。而碼頭費（Wharfage）一詞則是指港口管理機關向船方徵收的貨物處理費用。此有別於船舶在港埠停泊期間使用各種港埠設施所衍生費用加總的港口費用（Port charge）。

碼頭有專供上下旅客者，亦有專供裝卸貨物者，如同前述，貨物碼頭可分爲供普通、專用、貨櫃、汽車（駛上駛下型）等不同船型船舶使用的碼頭。普通碼頭供裝卸一班普通物品、機械、原料、散裝貨物等；專用碼頭則只用以裝卸特定貨物，如油、穀類、木材及礦石等；貨櫃碼頭則專用以裝卸貨櫃。除貨櫃碼頭外，多數碼頭上均建有通棧或倉庫，以備保護存儲貨物或作爲環境保護之用。碼頭與船渠（Dock）兩名極易混淆，實則碼頭爲船舶裝卸貨物所用之陸地，而

船渠乃指供船舶離、靠與泊靠船席所用之水面。

基本上，碼頭場地以其功能可區分如下：

1. 作業區（Operation）；

2. 露置場（Open storage）；

3. 倉棧（Covered storage）；

4. 道路（Road ways）；

5. 收受與發配貨區（Reception & delivery）；

6. 停車場（Parking）。

至於碼頭建造設置的規格與所需考量因素不外乎：

1. 碼頭的位置與水深（Site condition and water depth）；

2. 當地的氣溫差與天候（Local temperature range and weather）；

3. 風速（Wind velocity）；

4. 船舶泊靠時的方向（Direction of ship when berthing）；

5. 潮距與浪高（Tidal range & wave height）；

6. 船舶泊靠的結構物（Berthing structure）；

7. 欲泊靠的船舶種類、等級、配置構造與大小（Type of ships, along with class, configuration, size）；

8. 泊靠時船舶趨近碼頭岸壁的速度（Velocity of ship approaching the quay wall during berthing）；

9. 港口的遮掩度（Exposure of harbor basins）；

10. 可提供的泊靠協助（Available docking assistance）；

11. 碼頭（船席）的配置（排列規劃）（Layout of wharf/Berthes）：

   碼頭或船席的排列方向應盡量讓船舶在離、靠船席的操縱過程

中，遭受風、浪與水流的影響減至最小，而且也要讓繫泊的負荷（Mooring loads）盡可能降低。此通常意味著碼頭軸線（Berth axis）需與水流方向成一直線（Aligning with）。至於在水流較弱水域，則建議船席座落方向應與當地盛行風（Prevailing wind）的方向平行。如基隆港冬季以強勁東北風著名，因此如不考慮水流，則船席走向應以近似東北方為佳。如此船舶離靠碼頭時才不會遭遇來自正橫方向（Broadside）的強勁盛行風、湧浪、水流。

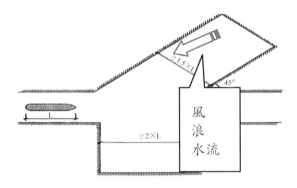

圖 4.34　碼頭走向與風、浪、水流的影響

　　碼頭結構形式有重力式、高樁式和板樁式。主要根據使用要求、自然條件和施工條件綜合考慮確定：

1. **重力式碼頭**：靠建築物自重和結構範圍的填料重量保持穩定，結構整體性好，堅固耐用，損壞後易於修復，有整體砌築式和預製裝配式，適用於較好的地基。

2. **高樁碼頭**：由基樁和上部結構組成，樁的下部打入土中，上部高出水面，上部結構有梁板式、無梁大板式、架構式和承臺式等。

高樁碼頭屬透空式結構，波浪和水流可在碼頭平面以下通過，對波浪不發生反射，不影響洩洪，並可減少淤積，適用於軟土地基。廣泛採用長樁、大跨結構，並逐步用大型預應力混凝土管柱或鋼管柱代替斷面較小的樁，而成為管柱碼頭。

3. **板樁碼頭**：由板樁牆和錨碇設施組成，並借助板樁和錨碇設施承受地面使用荷載和牆後填土產生的側壓力。板樁碼頭結構簡單，施工速度快，除特別堅硬或過於軟弱的地基外，均可採用，但結構整體性和耐久性較差。

二、突堤碼頭（Jetty、Pier）

「Jetty」一詞出自法語「jetée」，同英文「拋出」（Thrown）之意。指自岸際突出水中之碼頭，與天然海岸約成垂直狀，碼頭頂端及兩邊均可靠泊船隻，突堤碼頭需要面積較大，適於水域寬廣之港埠，因其連接天然海岸之部分甚少，大部分均建於深水中，基礎工程難度較高，故建造費用甚昂，但因碼頭線增長使得船席相對較多，為其優點。

典型的突堤碼頭是由間隔適當的基樁或支柱（Well-spaced piles or pillars）支撐的，亦即突堤下方是中空的。其開放結構允許湧浪、潮汐與水流可較不受阻礙地流動（Open structure allows waves, tides and currents to flow relatively unhindered）。相對於此，實體碼頭或支撐樁柱過於緊密的突堤，將會阻擋水流的流通，亦即產生類似防波堤的作用，此不僅易在碼頭附近產生淤積（More liable to silting），更因水

流被阻，而生反射作用，致使港內產生反射波而影響水面靜穩度，導致泊港船舶隨波搖晃。

最典型案例就屬號稱百年良港的基隆港，因為內港原有的沙灘、礫石灘、淺水礁岩於建築碼頭、岸壁、船渠時被拉直填平，加諸晚近西岸 1 號到 5 號空心碼頭陸續被改建成實體壁面碼頭等因素的加乘作用，使得自港外湧入的波浪因改建後的地形、岸形欠缺原有的自然消波功能，因而形成反射波輾轉反彈灌入內港，導致東、西岸二號客船碼頭附近水域常有湧浪發生，連帶的使大型郵輪也會隨著波浪輕微搖晃。此現象在增、改建碼頭與防波堤前極為少見。

突堤碼頭之寬度與長度有相互之關係，碼頭愈長，可停靠之船舶較大，貨物量相對較多，致需要之設備及容量增加，因此其所需之面積亦大。所以碼頭寬度當然要相對加寬，反之則小。故在設計時需就港區水域面積，擬靠泊船隻之大小、類型，以及碼頭上需配置之裝卸貨場地、通棧、倉庫、公路、鐵路、裝卸機械等妥加考量，以決定碼頭之長寬，俾收最佳之經濟效益。至於突堤碼頭與相鄰突堤碼頭間之水域空間，其寬度應足夠供船舶之運轉移動不致有任何受限或操縱困難現象產生。尤其當突堤之任一側有船停泊時，更應確保離、靠突堤之另側碼頭船舶有足夠的安全運轉空間。

改建前的基隆港西 1～2 號碼頭

圖 4.35　原有基樁支撐的中空碼頭

圖 4.36　改建後的實體碼頭

突堤碼頭

1. Jetty: a structure that projects from the land out into water.

2. Pier: a structure built on posts extending from land out over water, used as a landing place for ships

圖 4.37　典型的突堤碼頭

三、直線碼頭（Quay）

　　係隨陸岸或堤岸之地形建築岸壁者，即沿天然海岸（或河岸）築成之一字式碼頭，只有臨海（河）一側可供靠泊船隻，需要之水域面積較突堤碼頭爲小，適於水域狹長之港埠，因其係沿天然海岸（或河岸）建築，施工較突堤碼頭爲易，故其建造費用也較少。

　　直線碼頭在結構上多屬實體結構船席（Solid structure），即先在碼頭臨海側建築可資灌塡材料的實體垂直結構（Solid vertical structure）壁，一般皆爲打入海底相當深度的連續鋼板樁，再在連續壁的內側塡以水泥、砂石等材料構成。

圖 4.38　越南凱梅港

（越過淺水區於深水區築碼頭，後線場地變大）

　　直線碼頭岸肩（Apron）之寬度（由水岸邊至通棧或倉庫邊之距離），爲影響碼頭作業效率優劣之關鍵因素。若碼頭岸肩不舖設鐵軌亦不裝設起重機，其寬度可小；反之，若岸肩設計寬大者，即有充分之面積可供舖設鐵軌，以及設置裝卸起重機，可便利貨物之裝卸及運輸調度。

　　其次，由於岸肩過寬會造成卸船進倉（或出倉裝船）之貨物因岸肩加寬致負荷之距離增加，而增添裝卸成本；反之，岸肩狹窄者對進倉貨物荷距雖然減少，但碼頭上卸船或等候裝船的貨物勢必擁塞，將使工作效率降低，可見岸肩過寬或過狹皆非所宜。

　　原則上，岸肩寬度需視港埠與內陸運輸係使用鐵路或公路，以及使用船舶起重機（Crane/Derrick）或碼頭的岸基起重機裝卸貨物以定之。早期傳統雜貨船碼頭的岸肩寬度約 10～20 公尺間，但現今貨櫃

船碼頭的岸肩常在 30 公尺以上。

圖 4.39 傳統雜貨船碼頭的岸肩

值得一提的是，晚近新建的貨櫃碼頭為促進貨櫃流通速率，岸肩寬度皆大幅擴大。此表示貨櫃橋式機的跨距亦要加大。

圖 4.40 新式貨櫃貨船碼頭的岸肩

四、浮（棧）碼頭（Floating Wharf）

　　係用一種特製之浮棧，繫泊於岸邊，在該浮棧（Pontoon 或稱浮筒）之靠海（河川）一側可靠泊大船，以解決岸邊水深不足之問題。固定浮棧位置的方法有二：

1. 繫纜於岸上之繫船柱以防其漂離，另在浮棧與岸際之間加設撐木，以防止其貼近岸邊處而致擱淺。

2. 用錨碇或沉錘固定。一般爲利於人員、車輛上下船舶，浮棧與岸間設有渡橋（Landing bridge），橋之一端用樞栓與岸邊連結，他端用滾輪可在浮棧面上隨其起落而前後滑動。渡橋設計原使其在高潮時爲水平，而伸至浮棧之一端，需有足夠之長度俾在最低水面時，渡橋傾斜而滾輪不致脫離浮棧。浮棧之寬度除可適應渡橋滾輪之移動外，可在任何（漲落）水位狀況下，使客車及車輛能安全通過。浮（棧）碼頭可隨水位之高低而升降，故對於水位漲落較大之港灣、較固定式碼頭在船隻靠泊時較爲便利，而建造費用亦較固定式碼頭低廉，建造時間也短，惟使用之壽年較短，貨物之裝卸及運輸亦不比固定式碼頭方便，故裝卸費較高。

圖 4.41　浮棧

五、繫泊浮筒（Mooring Buoy）

　　許多港口礙於岸際碼頭不足或無法建築碼頭，乃至爲增加港口泊位的情況下，遂在港區水域或河道中設置繫泊浮筒，供船舶繫留以進行裝卸貨與其他相關作業。繫泊浮筒的構造由浮筒、繫環、錨鍊、沉錘及錨等元件組成。繫船浮筒形狀大多爲豎圓筒型。繫泊浮筒一般設置在港內之停泊地，較之使用拋錨碇泊船舶可得較大之有效泊地使用面積，又如海底爲岩層時，則因底質堅硬根本不可能拋錨泊船，故需利用繫泊浮筒繫留船舶。至於船舶利用繫泊浮筒繫泊所需的水面面積如下：

1. 單浮筒法：將船繫於一個浮筒上，此法最爲常見。所需水域面積以船長加 25 公尺作半徑劃一圓形。

2. 雙浮筒法：將船之艏、艉分繫於前後浮筒，使船體固定於浮筒線上，不會隨風、流的作用迴轉，故各船間之間隔可縮減至最小。

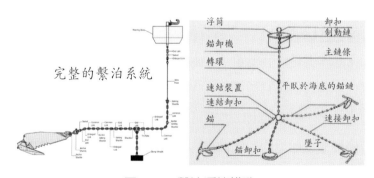

圖 4.42　繫泊浮筒構造

圖 4.43　繫泊浮筒作業實況

六、船席（Berth）

　　依據我國商港法（民國 101/02/03）第三條規定：「船席：指碼頭、浮筒或其他繫船設施，供船舶停靠之水域」。顧名思義，船席就是指船舶停靠之所在，實務上，船席通常指在港區內供進港船舶繫留之指定處所（Location），主要作為裝、卸貨用途。

　　船席基本上是沿著碼頭（Quay、Jetty）設置供船舶泊靠的位置，小型港口亦有設置簡易浮動船席（Floating dock）者。一個碼頭通常含有數座船席。船席依港口需求可供各種類船舶泊靠，亦可指定專供某一特定種類或船型的船舶泊靠。船席的大小（Size），從僅供小型船隻泊靠的 20 公尺（Meter）長，至專供大型客船泊靠的 400 公尺長不等。依據一般的經驗法則（General rule of thumb）與安全考量，船席長度應以計畫停泊船舶之長度增加 10% 船長之長度為宜。

　　關於船席長度，實務上，單一船席碼頭（Single berths）最佳長

度可訂為 225～250 公尺，至於雙船席（Two berths），最佳設計長度可訂為 375～400 公尺。又如汽車船與渡輪因需吊放車道板（Ramp）供車輛通行，得再增加 25～50 公尺的長度。

船席（**Berth**）

1. A berth is a designated location in a port or harbor used for mooring vessels when they are not at sea.
2. A quay is a long platform beside the sea or a river where boats can be tied up and loaded or unloaded.

除了前述位於直線碼頭的直線船席外，船席依形狀可分成（Berth type by geometry）：

1. 指狀船席（Finger pier）

用以增加每單位水線長度的泊靠空間（To maximize the berthing space per length of waterfront）。指狀船席常用於供中、小型船舶停泊使用的水域。大型的指狀船席可往外海方向做更大的延伸，以增加貨物作業空間，或允許設置鐵路軌道。

圖 4.44　指狀船席

2. 外海船席（Offshore berth）

　　此等船席又稱開放式結構船席（Open structure berth）。多用於危險物品的處理、裝卸或儲藏，例如油品或瓦斯船（Oil and gas vessels）。常常只是依泊靠船舶的型態與噸位大小，由數支繫船柱組成，單獨位於海中央者。此等船席雖建造上較具彈性（Flexibility in the construction），但因有繫船柱的存在，日後船席進行浚深作業時難度較高，而且船席所能承受的重量亦因結構而受限。

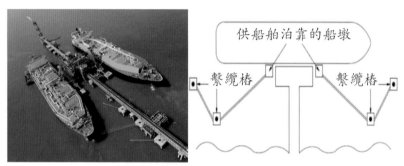

圖 4.45　外海船席

　　若依據貨物種類，船席可分成（Berth type by cargo）：

1. 散裝貨船席（Bulk berth）

　　用於處理乾或濕的散裝貨（Dry or Liquid bulk cargo）。此類船舶通常採輸送帶或管線裝卸（Conveyor belts and/or pipelines）。散裝貨的儲存設施（Storage facilities）常見者就是沿著船席設置的穀倉或儲存場（Silos or stockpiles）。

2. 貨櫃船席（Container berth）

　　指用於處理標準複合運送貨櫃（Standard intermodal containers）的船席。利用橋式起重機（Gantry crane）裝卸貨櫃。此一船席的特色就是船席旁要有足夠的陸岸面積處理貨櫃，並設置輔助機具以加速貨櫃的裝（卸）船作業與進出港口。尤其船席旁更要規劃大面積的平整場地（Large flat area）以便堆積進、出口貨櫃。

3. 雜貨船席（General berth）

　　用於處理數量較少的雜貨（General cargo）。使用此等船席的船舶通常有自備裝卸機具（Lifting gear），但某些港口會提供岸基裝卸機具。由於貨櫃化與船舶專用化的時代潮流影響，目前大多只有小型港口才設有雜貨碼頭。

4. 停航（閒置）船席（Lay berth）

　　專供停航（閒置）（Lay-up status）船舶泊靠的碼頭，某些船舶因業務、維修等關係致不得不暫時停止航行或封存（Mothballing），以等候市場狀況變佳再度投入，並節省支出。此等船席的岸邊場地通常較小，而且除了繫固船舶的設施外，幾無任何設施。

5. 等候船席（Lay-by berth）

專供等候裝、卸貨物作業的船舶作短暫停留的通用船席。此等船席通常只提供維持船員正常作息所需之燃油添加、伙食補給等基本需求。

6. 液體貨船席（Liquid berth）

專供處理油品與瓦斯相關產品。基於安全考量，此等船席通常位於離其他港口作業區較遠處。此等船舶一般皆採管線（Pipelines）裝卸。至於貨品的儲藏設施（Storage facilities）通常設於離船席稍遠處，再經由管線連接。

7. 遊艇船席（Marina berth）

提供遊艇（Leisure boat）、娛樂船艇（Recreational craft）或小船船東自行泊靠的船席。在潮汐漲落較大水域，通常利用浮動駁棧（Floating pontoon）做成，再以可浮動橋樑（Hinged bridge）與陸岸搭接。此等碼頭一般皆設有可將小艇吊掛上岸（Keeping boats out of the water）安置的特殊設備（Specialized equipment），以便進行保養維修、防止船殼長期浸水滋長海苔或有機生物，或因波浪衝擊受損等情事發生。

七、碼頭（船席）附屬設備

無論碼頭或其所屬船席皆係供船舶泊靠之用，因此如何固定船舶、保護船體與確保碼頭結構免於受損，皆是港口管理機關與港口使

用者最爲在意者。一般實務上，船舶在離、靠碼頭過程中或停泊在船席時常發生下列損害狀況：

(1) 船體在離、靠過程中碰觸到碼頭實體、護岸碰墊、岸上起重機、升降機等結構物而造成損害。

(2) 與協助離、靠作業的拖船，以及因操作因素致與鄰近（前後）船隻發生碰撞。故而在船舶與碼頭的接觸面，乃至碼頭結構皆需設有防護設施，以防損壞發生。

(3) 當有外力作用於船體上時，常使裝卸作業中的船舶因船體發生無預期移動，結果導致船舶的繫泊纜繩過度鬆弛或因急扯（Jerking）斷裂的狀況，進而衍生後續損壞。以油品貨爲例，當有岸際軟管連接到繫泊船進行裝、卸油貨作業，此時可能會發生岸際軟管、突堤接油管處，以及船岸連接結構斷裂或受損，引發洩漏及污染的風險。

一般碼頭的船舶繫固與防護必備設施如下：

1. 固定船舶的繫泊（留）設施（Mooring facilities）

依據港口的環境條件與作業習慣而異，某些港口除了在碼頭船席進行上、下旅客，裝、卸貨物的作業外，亦可在港內錨地進行，如香港即是。然而，無論在錨地或碼頭從事上、下旅客或裝、卸貨物的作業，都需將船舶固定於一定位置，以利裝卸機具的作業或接駁船艇的泊靠。

眾所周知，欲固定一艘船舶除了使用先前介紹船舶本身的錨具（Anchors）外，就需依靠港口提供的繫留設施，如設置在錨地的繫

留浮筒（Mooring buoy），或是碼頭的纜樁（Bollard）。亦即利用船上的鋼索（Steel wire）、纜繩或繫纜（Warping hawser; Mooring line），將纜索的一端固定在船內，另一端則繫綁或固定於碼頭上。而在船上或岸上供纜繩固定或纏繞的設置物就稱爲繫纜設備（Mooring equipments / facilities）。

　　繫纜設備包括繫纜樁（Mooring bollard）、繫纜柱（Mooring Bitt）與繫纜環（Mooring ring）。但實務上最爲常見者爲繫纜樁。繫纜樁通常設於碼頭臨海邊緣附近的固定間隔處，一般爲 25 公尺，作爲船舶的繫纜之用。

圖 4.46　繫纜樁

　　繫纜樁（bollard）的結構性強度及數量，依該碼頭所設計欲停泊船舶的大小而定；爲確保安全，船上與岸上纜樁都應標示其安全工作負荷（Safe working load; SWL），亦即其受力極限，以免因不當或過度受力而受損壞，進而讓繫泊船隻因纜繩脫落而漂流。

圖 4.47　新建纜樁之施工架構

　　繫纜樁依其型式設計，用途上有所差異，例如一般繫泊用之纜樁有單筒型（Single bitts bollard）、雙筒型（Double bitts bollard）及羊角型（Dock bollard & cleats），如圖 4.48、4.49、4.50，其設計的負荷均有一定重量。另外，還有因應颱風天的強勁風力，特在離碼頭法線較遠處設置的防颱樁，以改善船舶所送出繫纜的角度，進而提高船舶繫纜的負荷能力。

圖 4.48　單筒型纜樁

圖 4.49　雙筒型纜樁

圖 4.50　羊角型纜樁

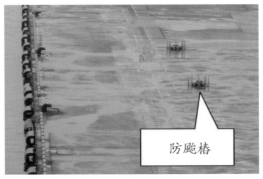

防颱樁

圖 4.51　防颱風纜樁

圖 4.52　纜樁與纜孔的安全工作負荷（Safe Working Load; SWL）

2. 船體與碼頭結構的防護設施

(1) 碰墊（Fenders）

在海運領域所稱的「碰墊」是指用木頭、橡膠、塑膠、廢繩索、廢輪胎，乃至新開發的 EVA 及 EPDM 發泡加工產品所作成的緩衝器（Bumper），用來吸收船舶泊靠碼頭，或傍靠他船時，在船體與碼頭岸壁或是與他船船體接觸當下所產生的動能（Kinetic energy）或撞擊能量（Collision energy）。以免船體或碼頭岸壁因衝擊力過大而受損。因此，良好的碰墊需具備高能量吸收（High energy absorption）與低反作用力（Low reaction force）的特質。

碰墊常見於碼頭臨水際之岸壁上，又稱護舷、防舷材或碼頭護木。現代一般碼頭大都在水泥建造的結構體上加裝碰墊，偏遠地區或有天然形成結構再加設木樁墊者。碰墊可依碼頭或泊靠船舶的特殊需求訂製各種形狀與尺寸。

一般港口在選擇碰墊型式多依下列因素而定：

① 泊靠船舶的尺寸（容積）與排水量（Dimensions and displacement of the vessel）；

② 最大允許衝擊力（Maximum allowable stand-off）；

③ 碼頭結構（Berthing structure）；

④ 潮汐變化（Tidal variations）；

⑤ 其他碼頭規格狀況（Other berth-specific conditions）。

此外，碰墊大小也會影響到船舶的繫泊系統布置（Mooring system arrangement），使用呎吋過小的碰墊或是碰墊數量不足，均不利於吸收外力負荷。基本上，一個碼頭欲採用碰墊的大小是依據船舶泊靠的能量（Energy）而定，此能量與船舶泊靠速度（Berthing velocity）的平方（v^2）有關。因而實務上船舶在泊靠碼頭時都力守平行、輕（緩）靠的原則。以免因衝擊力過大損害碰墊，進而損傷船體或碼頭。

再者，若依使用場合分類，則碰墊可分成：

① 船靠岸（Ship to Berth (STB) Fendering）；

② 船靠船（Ship to Ship (STS) Fendering）；

③ 保護本身船體（Ownship's Protection）。

毫無疑問的，各型碰墊皆有其利弊，如圓筒形材質較硬缺乏彈性，於船舶靠泊及停泊期間，船舶比較不會產生縱向移動，但是接靠時需放慢輕靠以免擠壓造成船體受損。至於 D 字形碰墊因結構設計之耐壓（彈性）力強，材質亦軟，船舶接靠泊位時船體較不會受擠壓而損傷，但因彈性力強也較易產生船舶前後移動，而易造成船舶繫纜承受不當或突發之異常負荷，必須特別注意。

圖 4.53　圓筒形碰墊（Cylindrical Fender）

圖 4.54　「D」型碰墊（D Type Fenders）

圖 4.55　大型移動式碰墊 Yokohama Fender；俗稱「恐龍蛋」

碰墊爲吸收船舶泊靠碼頭接觸時所產生動能的緩衝器

A fender is a bumper used to absorb the kinetic energy of a ship or vessel berthing against a jetty, quay wall or other vessel.

此外，由於一般船舶的船體多屬中間大兩頭細的梭型形狀，故而一般碰墊只能防止船體側面受損，對於船艏與船艉部分的保護功能較爲有限。除非專供協助大船離靠碼頭的拖船（Tug boat），其因作業需要特在自身船艏、船舷、船艉裝置碰墊，以防被協助船或本船因推頂過程中的不當接觸遭致損壞。

3. 船舶在港繫泊注意事項

在港口內繫泊中的船舶，除了爲抗衡風、潮流等外力，需將船舶緊緊繫牢於碼頭上之繫泊設施，然因港內其他船舶來往頻繁，當航行中船舶行經靠泊在船席的他船時（無論他船完全繫泊與否）因兩船間之相互作用（Interaction）而導致他船產生前後縱移（Surge）或艏艉左右搖動（Yaw），極可能會造成嚴重意外事故，尤其在水淺的狹窄或受限水道（Restricted channel）內，例如運河或河道，往往會出現更強烈的交互作用力。而由此船體無預期運動所衍生的損壞稱爲「浪損」（Wash damage）。毫無疑問的，從法律之觀點來看，無論航行船或繫泊船若欲主張對上述損害免責，都需負舉證責任。

因此從海上保險損害防阻（Loss prevention）之觀點，國際海事論壇出版之《繫泊設備指南》（OCimF mooring equipment

圖 4.56　設於拖輪（Tug Boat）船艏的碰墊

Guidelines）詳列出關於繫泊作業與設備之最佳實務。以提醒吾人在港內從事繫泊作業時應注意下列重要準則：

(1) 開始進行任何繫泊作業以前，應先作有效之風險評估，評估時應將該船之性能、種類、大小、吃水以及當時天候狀況列入考慮。

(2) 船方應定期檢查繫泊設備，如發現有瑕疵應立即修復。所有的纜繩及鋼纜皆應完好無損。

(3) 船員抵港前應擬妥繫泊計畫（Mooring plan），其內容應將繫泊碼頭種類（例如是要繫泊在與岸際橫行式碼頭或墩柱式碼頭）、護舷碰墊種類以及繫纜樁之種類及所在位置為何等因素審慎列入考慮。

(4) 作業當時以及預期的天候狀況都必須列入考慮，包括風向及風力，如果碼頭朝向海洋或者會直接受到來自特定方向的風或海浪的影響，那就必須把海象狀況也列入考慮。

(5) 有鑑於因碼頭碰墊受損而提出索賠請求之案件數量不少，如果能夠在靠泊船席之前，以及離開船席之後立刻拍照確認船席及碰墊的狀態，將有助於對此類索賠提出抗辯。有某些船舶會利用裝設在船上駕駛台側翼的 CCTV 或相機設備來監看繫泊作業。

(6) 隨時保持有效率的繫泊當值（Mooring watch）。當船舶靠泊在感潮或河川船席時（Tidal or river berths），或是靠泊在附近有往來船隻經過的船席時，應仔細監看繫纜狀況以確保繫纜沒有鬆動。如果此時有他船行經本船時距離太近或太快以至於形成沖浪現象時，本船的纜繩狀態是否穩固就顯得特別重要了。在這些情況下，即使損害程度並不明顯，照片和錄影仍會是很有用的證據，同時應立刻製作書面「浪損」損壞報告（Wash damage report）。

(7) 若天候狀況轉為惡劣，應及時做出是否要繼續停留靠泊在船席上的決定，如要繼續留在港內則應依需要調整繫泊狀態，反之，一旦決定離開船席前往開闊海域或錨區就應盡速離開。做出前述出港避難風的定時絕對不應該受到商業因素之影響。而且必須在天氣變差以前做出決定並採取必要措施，否則可能會來不及行動。

八、拖輪（船）（Tug Boat）

乃是利用拖曳（Towing）或推頂（Pushing）操作協助大船的大馬力小船。因為船舶設計多只是著重於縱向運動，而非側向運動，因

此港區的船舶操縱通常是將船舶駛至預定船席外側稍遠處，再利用拖船作側向推頂泊靠。反之，離開碼頭時，則需利用拖船拉離船席稍外側，再動用主機將船駛離。

　　縱使近年以來許多新建船舶都配置有側（橫）向推進器（Side thruster），但並非全面性的，而且船上配置的側向推進器的馬力亦有限，因而常需依賴拖船的協助始能滿足操縱上的要求。另一方面，在水域狹窄港區或彎曲河道，乃至船舶本身去去動力時亦需求助於拖船的協助。

　　拖船因爲其業務上的需求，通常配置大馬力主機，而且船體加固，以符作業需求。部分較大型拖船，稱爲海洋拖船（Ocean-going tugs），可作爲救難船（Salvage boats）或破冰船（Icebreakers）使用，此有別於前述在專門在港區內協助大船泊靠作業的港勤拖船（Harbor tugs）。一般拖船多配置有滅火設施，以便必要時協助滅火（Firefighting），此功能是港勤拖船不可或缺的。

圖 4.57　拖船協助推頂（Pushing）／拖曳（Towing）

九、倉庫（Warehouse）及通棧（Transit Shed）

倉庫又名貨倉，亦即被生產商、商品供應商、物流公司用作儲存、集散貨物的建築物。而為方便貨物在不同運輸模式間進行轉運或銜接，倉庫通常設於鄰近碼頭、火車站、機場等處所。依據字典所示，「棧」係指「木棚；屯積貨物的地方」。

倉庫最先被發現在古羅馬的 Ostia 社區；至於中國早於隋唐兩朝，就在洛陽修建的國家大型糧倉—含嘉倉，由於規模巨大（東西長612公尺，南北寬710公尺，總面積43萬平方公尺，共有圓形倉窖400餘個）形成了獨立的城池形態，主要負責關東和關中之間的漕米轉運，具有民生物資儲存、調節與集散中心的功能。

倉儲的基本功能包括物品的進出、庫存、分揀、包裝、配送及訊息處理等六個領域，其中有關物品的出、入庫與在庫管理可以說是倉儲最基本的活動，也是傳統倉儲的基本功能，只不過管理方法與管理技術隨著科技的發達已然大幅改善，例如：時下採用的倉庫管理系統（WMS），就是一個用於管理倉庫與物流配送中心的電腦軟體系統，它對倉庫內的各類資源進行計畫、組織、引導和控制，對貨物的存儲與移動（入庫、出庫、庫內移動）進行管理，以實現作業人員的效能管理。

其次，貨物的分揀配送作業是指依據客戶的要求將商品從儲存區分揀出來，配好後送入指定發貨區的物流活動。分揀與配送（貨）作業是不可分割的整體，通常是同時進行的。事實上，物品的分揀與包裝，過去也是有的，只不過現在更普遍、更深入、更精細，甚至已經

與物品的出入庫及在庫管理相結合，共同構成現代倉儲的基本功能；目前採用的自動分揀系統（Automatic sorting system）一般由控制裝置、分類裝置、輸送裝置及分揀道口組成，已經成爲已開發國家大中型物流中心不可缺少的一部分。之所以將「配送」（Distribution）視爲倉儲活動的基本功能之一，乃是因爲「配送」不應只是狹義的「運輸」，而是倉儲功能性的自然延伸，更是倉庫發展爲物流（配送）中心的基本條件，如果沒有配送作業，倉儲也就仍然是孤立的倉庫；至於資訊處理，更是現代經濟活動的核心業務，當然也應是倉儲作業鏈的關鍵環節，欠缺資訊處理，就難以成爲現代化的倉儲設施。

傳統上，倉庫與通棧均建築在碼頭前排，以平房爲原則或合建於臨港地帶，若爲樓廈建築，則地面一層爲通棧，樓上及地下層則闢爲倉庫，二者皆供貨物臨時儲放，維護貨物完整不受損，以便貨主辦理驗收手續。若一定要區分倉庫與通棧的差異，最大的差異應是通棧在結構上通常不具或只有部分牆壁者，僅由樑、屋頂結構建成的簡易棚屋，主要供轉運、發貨用途的暫時保管或通關業務使用。有別於車站或工廠的工棚，一般設於碼頭上作爲輸出、入貨物的裝船、卸岸的棧棚稱爲 Quay Shed 或 Pier Shed。

1. 倉庫

普通稱爲後線倉庫，爲供貨物長期儲存之處所，其設立之地點視其經營性質，以及交通情形而定，普通雜貨倉庫多建於通棧後線，散裝倉庫或特種貨物之專用碼頭則以建於碼頭附近爲宜，俾供貨物可直接入倉，節省搬運費用。

　　倉庫可建造成平房亦可是多層樓房，其選擇時應考慮下列要素：

(1) 港區可用土地；可能取得之土地面積與其價值；

(2) 建築之技術問題及其費用；

(3) 計畫存儲貨物之種類與性質；

(4) 裝卸設備之種類及數量。

　　若從儲貨功能角度觀之，倉庫之規劃應考量：

(1) 倉庫儲貨面積之設置應比露天（置）出貨場地面積小；

(2) 倉棧之設置地點以不妨害碼頭作業為原則；

(3) 倉庫地板宜與碼頭場地同高；

(4) 倉棧各邊之通道口應考輛裝卸機具與車輛的高度，以及可能進出庫的貨物之最大寬度與高度，盡可能每隔 20/25M 設置一座倉門；

(5) 倉庫內外應有充分照明，屋頂如能設置天窗更佳；但燈光強度與照射角度不得成為妨害泊靠或進出港船舶駕駛人員的光害；

(6) 倉棧應為全部防火之建築，並設置消防器材，以防止火災，進而減低倉庫本身及所存貨物之保險費；

(7) 防止存倉貨物被偷竊，以減少管理上困難及費用；

(8) 庫內貨物用升降梯的規格與負荷；

(9) 通風或空調系統；

(10) 防汛與排水功能，以防海水侵入，避免貨物浸濕受損；

(11) 多層建築體之各樓層地板的單位面積負荷。

　　若以倉庫儲放之貨物不同分類，倉庫可分為下列四種：

(1) 普通倉庫：通常設於碼頭後線，供儲存一般雜貨之用，具有儲

存與調節市場貨品供需之功能，亦可作為移存通棧逾期貨物之用，其業務最為簡單而普通。

(2) 冷藏倉庫：為具有冷藏設備專供儲存鮮貨之用，多設於港埠臨海附近。

(3) 散裝倉庫：為專供儲存大宗散裝貨者，具有特殊之裝卸設備，用以將散裝貨直接由船艙卸輸倉內，或由倉內輸裝於船艙，多設於碼頭旁邊臨海線上。如穀類倉庫、水泥儲存槽等是。

(4) 危險品倉庫：專供儲存有危險之貨物，多設在遠離港口市區之郊區，以策安全。

再者，倉庫若依涉及（海）關務之業務性質，可分為下列兩種：

(1) **保稅倉庫**（Bonded warehouse）

又名關棧，指經海關核准的專門存放保稅貨物的專用倉庫。根據國際上通行的保稅制度要求，進境存入保稅倉庫的貨物可暫時免納進口稅款，免領進口許可證件（能製造化學武器的和易致毒化學品除外），在海關規定的存儲期內復運出境或辦理正式進口手續。換言之，保稅倉庫係供儲存復出口或轉口貨之用，多設在港區內指定之地點，由海關派員駐守監視，嚴防走私逃稅。

基於公平保護原則與全球化自由貿易風潮考量，儘管各國海關對於保稅倉庫之規定不同，但一般保稅倉庫多用於存放供來料加工、進料加工復出口的料、件；經經貿部門批准寄售維修零配件，外商寄存、暫存貨物，轉口貨物；供應國際航線船舶的燃料、零配件；免稅品等。屬於一般貿易性質的進口貨物不允許存入保稅倉庫，也不允許在保稅倉庫中對所存貨物進行加工，但可在海關監管下進行改變貨物

圖 4.58　新式物流發配與倉儲（Logistic/Distribution and Warehousing）中心

包裝或加貼標籤。實務上許多中小型物流公司多有經營類似業務。

　　一般保稅倉庫所存貨物儲存期限爲一年。如因特殊情況可向海關申請延期，但延期最長不得超過一年，期滿仍未轉爲進口也不復運出境的，由海關將貨物變賣處理。

(2) **海關聯鎖倉庫**（Customs joint locked warehouse）

　　指在海關批准範圍內，爲供進出口貨物在未辦理海關報驗手續前存放之用，凡貨物進出倉庫皆需會同海關辦理，其倉門由海關及業主各加一鎖，故名聯鎖倉庫，其目的防止貨物進出舞弊。

　　聯鎖倉庫其實也是保稅儲存的一種類型，與保稅區域的功能有類似之處，主要存放貨物進境而所有人未來提取，或者無證到貨、單證

不齊、手續不完備以及違反海關章程，海關不予放行，需要暫存海關監管倉庫聽候海關處理的貨物。

2. 通棧、上屋（うわや）

可稱碼頭倉庫或稱短期堆棧，此前線倉庫主要供貨物作短期儲存，俾使貨物可不受風吹、雨淋、日曬以及偷竊而遭致損失，當船隻靠泊碼頭後，其卸船之貨物多需分類整理，此等作業需耗費相當時間，加諸內陸運輸工具不一定能及時配合，以達到貨物卸船後，立即裝運之目的。故貨物在碼頭常需有短時間之停留；反之，當貨物裝船出口時，常需先將貨物運儲碼頭或其附近地點，才能迅速裝船免延誤船期。毫無疑問地，無論進口或出口貨物，除不畏風雨日曬及偷竊者，可存放碼頭空地外，餘者皆應以通棧為儲存之場所，故通棧在港埠設備中為一重要項目。早期高雄港專供輸日香蕉等候裝船的香蕉碼頭蕉棚就是最典型的通棧。

存儲通棧內之貨物，應以不超過三天為理想，在正常狀況下以不超過七天為準，若因內陸運輸壅塞不通，內地倉庫不敷應用或其他種種人為因素，致貨物存儲通棧過久，不但失去通棧之作用，且因通棧無倉位，致在靠泊之船隻無法順利進行裝卸工作，則船舶滯港時間增加，碼頭之運用效率降低，如一港埠之碼頭通棧經常發生此種情況，則將減低該港埠之營運效益，故一般通棧理論上應不得超過三天，在該規定之天數（約七天）內予以免收棧租，逾期則以累進費率計收棧租，或移存後線倉庫，使通棧能充分運用。

圖 4.59　典型通棧：早期高雄香蕉碼頭

圖 4.60　一般通棧

　　通棧之容量通常應以能容納其碼頭可能靠泊最大船舶所裝載之貨物，以供作分類、整理、存儲之用，故通棧之面積取決於貨物之噸數與堆存之高度。通棧內部依照當地貨物種類及管理習慣，用防火牆隔為若干部分，棧內淨空高度，至少在 5～6 公尺為宜，棧內光線來源，或來自兩旁，或來自屋頂，可視當地建築之習慣而定。內部支

柱，應盡量減少，以免妨礙工作。

十、裝卸機械或設備

「裝卸機械或設備」顧名思義就是指安裝於船上或岸上專司貨物裝卸的機具與設備。傳統上，港口岸邊都設有各種裝卸機具，但近幾十年來海上運輸模式產生巨變，為配合現代船舶自動化、專門化、大型化的趨勢，除了專用船席上的裝卸機具外，餘者皆因船上自備機具而有閒置率（Idle rate）過高的傾向。因此基於成本考量，這些閒置率較高的岸基機具（Shore based gear）皆陸續被拆除。

另一方面，除了前述專用船種外，新式船舶船上所設置的裝卸設備，大多由電力、液壓（Hydraulic）或是兩者結合驅動者。毫無疑問地，船上設置的裝卸機械得由船上的發電機（Generator）供電始能運，此不僅增加造船與船舶維修成本的增加，更要配置具專業背景的船員，凡此皆要列入營運成本的考量。

因此作為船、岸物流介面的現代商港，為求貨物裝卸迅速、確實、安全、經濟之要求，無不積極採用機械化、自動化設備。而機械化與自動化裝卸設備在裝設之前，必須考量碼頭尺度、碼頭吃水深度、通棧尺度、相鄰碼頭之間隔，以及碼頭上交通動線等因素，才能符合裝卸機械設備之經濟原則，並使船隻在港內停留時間縮至最短，進而使船舶的運航產生最大效率。

基本上，現代的商港裝卸機械設備，應包括下列各項：

1. 貨櫃船裝卸設備；及貨櫃橋式機；

2. 岸基雜貨裝卸機具；如陸上固定或移動式吊車；

3. 散裝貨物裝卸設備；含輸送乾貨、液態貨的管線；

4. 倉庫（通棧）進出貨物的搬運及裝卸所需設備；如卡車、板車、堆高機；

5. 水上裝卸設備；如超重貨或超大件貨所需的大型水上起重機（Floating crane）。

圖 4.61　大型水上起重機

　　顯然，貨物起重機（Cargo crane）對港口效率的優劣扮演極為關鍵角色，一般「起重機」指的就是俗稱的「吊車」、「塔吊」、「天車」、「行車」等，即利用吊鉤或其他取物裝置吊掛重物，在船、岸之間進行升降與運移等循環性、間歇性作業的機械。其背景乃源自人類生產生活中起升或吊掛重物的需要，古代各個文明中均發展了具有自己特色的起重機械雛形，如中國古代的桔槔、轆轤等，但現代起重機械則起源於歐洲。

　　起重機通常由升降單元（使物品上下運動）、移動單元（使起重機械移動），和迴轉單元（使物品作水平方向性移動），再加上機械

裝置，動力裝置，操縱控制及必要的輔助裝置組合而成。而起重機的一個工作循環包括：「吊物裝置從取物地把物品吊起，然後水平移動到指定地點降下物品，接著進行反向運動，使吊物裝置返回原位」。以便進行下一次循環，即在一個工作循環中完成取料、運移、卸載、回復原狀等動作。由於當前科技發展快速，新式起重機不斷改進，不但運動靈敏且轉動範圍增大，同時管理與操作皆較簡易。

　　基本上，碼頭效能常以每公尺碼頭長度，在一年內所能運輸貨物之總重量表示之。影響碼頭效能之因素甚多，如運輸貨物種類、港內佈置、碼頭工人工作效率、港務管理等。但其最大決定因素則在碼頭上裝卸機械設備的性能與操作者（碼頭工人）的效率，而碼頭上裝卸機械設備之佈置，則視每公尺碼頭岸壁，或每艘船舶能利用之起重機（吊車）支數，以及每座起重機之吊運量而定。

十一、港口聯外交通

　　基於運輸能量與港口陸岸端的連結性（Landside connectivity）考量，港口聯外交通的先天條件與可塑性，常為選擇港址的首要考量，而所謂港口聯外交通係指港口開發基地，以港區專用公路與一般公路、港界外的高（快）速公路或鐵路進行銜接之路段。由於聯外交通系統之建設涉及環保、養護、區域交通與經費分攤等問題，故而需與地方政府、公路部門協商。

　　為確保交通流暢及達到預期所需作業流量，港口聯外交通（Port ground access traffic）的選定與開設必須考量並注意下列各項：

1. 周邊的既有鐵、公路通行區域（Access areas）；每一區段鐵、公路的預期能量與服務水平（Estimated capacity and service level of each rail and roadway segment）；

2. 不同運輸模式間的連結，如港區公路與高速公路（Connecting highway）；

3. 交通流量預估，以決定尖峰時段各種運輸工具的數量與作業所需空間；

4. 安全作業速度（Safe operating speeds）；

5. 可辨識的瓶頸（Identifiable bottlenecks）；

6. 港口位置（Port locations）；與鄰近的複合運送場站（Nearby intermodal yards）的距離；

7. 各種管線（Pipelines）鋪設的規劃；

8. 高度與寬度限制（Height/Width restriction）；

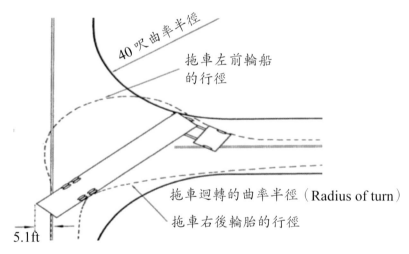

圖 4.62　聯外道路考量因素

9. 在靠近修護廠或修理工廠附近設置加油站；

10.供行政業務及相關功能之辦公室必須有足夠空間，並於鄰近碼頭或出口地點選擇地興建。

　　除大陸型港口或水運交通網發達的國家外，一般港區聯外交通多指公路運輸，如我國港區鐵路多已拆除，所以港區聯外交通只有倚賴公路一途。因此港區聯外道路的良否常是影響港口營運成敗的主要關鍵。故承建規劃港區聯外道路有著只許成功不容失敗的壓力，一般港口聯外道路的設計必須考量並注意下列各項因素：

1. 設計速度（Design speed）；

2. 道路的承重限制（Weight limitation）；

3. 設計交通量（Design traffic volume）；

4. 線道數（Number of lanes）；

5. 單一車道寬度（Lane width）；

6. 服務的水平（Level of service; LOS）；

7. 視線距離（Sight distance）；

8. 水平與垂直間隙（Horizontal and vertical clearance），即高度與寬度的限制；

9. 線路平面（Alignment），公路轉彎處外側比內側高出的程度（Super-elevation），坡度（Grades）等；

10.於適當地點設置地磅站；

11.具調度功能的停車場地。

第五章　港埠運作實務

5.1 港埠作業實務

　　所謂「實務」，係指以習慣性或具習俗性的動作或方法從事某件事情之意（A habitual or customary action or way of doing something）。由於港埠作業涉及領域繁雜多元，加諸技術性技能（Technical skill）難以單憑規章法典傳承，因此若非投入實際作業行列相當時間，恐難承擔職場賦予的任務。如同其他行業一樣，港埠運作實務基本上仍著重於第一線的港埠相關作業，也就是維持港埠日常運作的基本事務，故而職場風險較高，勞力付出相對較多，但卻關係著港口的產能與效率。

　　一般大型港埠所需處理的業務不外：

1. 船舶、貨櫃與其他貨物的流通調度；
2. 船舶（含貨櫃）的裝卸作業；
3. 辦理海關手續；
4. 人力資源、倉庫和其他倉儲空間的分配；
5. 安排泊位、錨地與航道的管理、拖船與駁船（Barge）的調度；
6. 資金流之管理；
7. 港埠管理資訊的提供；

8. 有效地經營管理以上的事務與資源。

　　雖港口運作實務層面涉及甚廣，然如從港口的機能，以及交通或運輸的觀點來看，則可區分成運送功能與裝卸功能二大類，而作為港口核心機能作業領域的構成主體依舊是人、船、貨。

　　基本上，若以將港口定位為服務業一員的概念下，除了公部門依照法令規章扮演的「提供服務方」外，貴為「被服務方」的港埠「使用者」在港埠整體運作中扮演極其重要的角色。

　　港區的公部門單位，全世界大同小異，就是為國境安全把關的CIQ 三大單位，即海關（Customs）、移民署（Immigration）與動植物檢疫局（Quarantine），以及負責海域安全的海洋巡防單位（Coast Guard）與航政監理機關，如專責檢查抵港船舶安全性的港口國管制官（PSCO; Port State Control Officer）。再者就是擔當港埠實務作業的港埠管理系統、機構或企業體，如臺灣港務公司即是。

　　至於扮演活化港埠功能角色的港埠使用者，說明如下。

5.2 港埠使用者

5.2.1 人

一、關於港埠營運

　　港埠營運的管理與執行主體，常以港口營運人（Port operator）統稱之，係指與港口主管當局簽約或授權的港務管理機關或港務公

司，依照政府法規管理港口營運，或依商務契約規定的最低生產率（Contracted minimum level of productivity），藉由港埠經營貨物裝卸與運送。港務公司大多屬國有的（特別是港口管理機關）企業體，但亦有授權部分業務項目委託私人企業經營管理的。

　　基本上，港口營運人的主要營運目標不外：

1. 管理船舶、卡車與貨運列車之間的貨櫃（物）運送（Managing the movement of cargo containers between cargo ships, trucks and freight trains）；

2. 優化貨物通過海關查驗放行（Optimizing the flow of goods through customs）的過程；

3. 使船舶停留港口的時間最小化（Minimize the amount of time a ship spends in port）；

4. 貨物起重機、泊位、航道、停泊、倉庫設備、通訊設備、資訊系統的管理與使用調度，並與碼頭工人組織訂定協議，以提高港埠效率（Maintaining efficiency involves managing and upgrading gantry cranes, berths, waterways, roads, storage facilities, communication equipment, computer systems and dockworkers' union contracts）；

5. 有關進出口貿易的文書行政作業、場地與機具的租賃、產物安全及港口保安（Manages paperwork, leases, safety and port security）。

二、關於貨物運送業務

　　運送人（Carrier）、船東（Owner）、託運人（Shipper）、傭船

人（Charterer）、貨主／收件人／到貨通知人（Consignee）。

三、關於貨物裝卸／旅客上下船

船員、陸勤支援人員、貨物裝卸業／碼頭工人（Stevedore）、後勤補給（Provision supply）、免稅店（Tax free shop）、公證人（Surveyor）。

四、關於船務運作

船長（Master）、引水人（Maritime pilot）、船員（Crews）、拖船（Tug boats）、帶纜工人（Mooring men）、船務代理業（Shipping agent）、船級協會檢查員（Surveyor of classification）、船東互保協會檢查員（Surveyor of P & I Club）、輪船司／駐埠單位（Shipping company/Port staff）。

五、關於貨物的收受

貨物承攬業（Forwarders）、理貨員（Talley men）、保險公司（Insurance）、報關行（Customers broker）、貨物檢定與鑑定（Cargo surveyor）。

5.2.2 船舶

船舶灣靠港口的多寡與頻度，毫無疑問是港口興衰成敗最重要的指標。由於商船以承運貨載與旅客為主要營收，若港口國或其腹地經

濟條件不備，致貨源與客源短缺，則再好的港埠設施亦無法吸引船舶灣靠。因此，航商配置船舶（Ship disposition）的首要考量就是貨源與客源，可見一國的經濟景氣可從港口營運狀況看出端倪，故而港口的營運量趨勢亦常被視為經濟預測指標。當前船舶建造具大型化、特殊目的專業化、自動化、多用途的趨勢，因此港口也要針對此一趨勢進行改造，以滿足航商需求。一般灣靠商港的船舶可分類成下列：

1. 船種（類）：郵輪、貨櫃船、散裝船、雜貨船、油品船；
2. 船型大小（船噸）：遠、近洋航線；
3. 用途：商用、公務、國防。

5.2.3 貨載

　　如同上述，從港埠發展史或國際貿易運作的角度觀之，無論海上大環境與物流走向如何變遷，貨源（載）的多寡絕對是決定港口興衰存續與否的最關鍵要素。必須強調的是，海上運輸的廣義貨源，當然包括海運旅客，但旅客運送多寡對港口營運的興衰較不具必然關係，最主要還是以公益民生與貿易需求的貨物進出口量為主要因素。

　　海運貨物（Seaborne shipment/Cargo）基本上可分成：

1. 乾貨：貨櫃化貨物（Containerized cargo）、散裝貨（Bulk cargo）、雜貨（General cargo）；
2. 液體貨：油（品）輪（Crude oil/ Oil product tanker）；
3. 活體貨：牲畜船（Livestock/Cattle carrier）；以運送溫體牲畜為主；
4. 冷藏／凍貨：指待運送儲存的青果、蔬菜、冷凍魚、肉類。

　　面對此類貨載港口需設置冷凍（藏）倉庫，以便進行收受、儲存此等冷凍（藏）貨載與後續的消配，亦惟有如此港口始能稱為冷凍鏈物流（Cold chain logistics）的關鍵環節。當前冷凍貨櫃（Reefer container）業務興盛，搶走不少傳統海上運送的冷凍（藏）貨載市占率。也因此新式港口貨櫃儲存場的電源供應與備載能量都大幅強化，以因應市場需求。

　　由於地理條件與貿易模式因港而異，故而儘管全世界港口的作業大都雷同，但卻有相當程度承襲當地習慣，進而衍生出與他港不同的規定，如港埠費率計算方式、船席的優先排序等。如今在資訊處理電腦化、機械化、國際化的風潮下，若港口獨特的管理與作業方式背離世界潮流恐難以吸引航商，因而港埠相關企業不得不從運送及流通經濟合理化、透明化的觀點，積極大幅的進行港埠作業模式的革新。

　　可以理解，大型港口需要處理許多不同性質的業務（Disparate

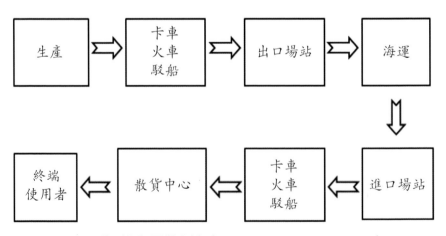

圖 5.1　典型的海運供應鏈（A typical seaborne supply chain）

activities）。包括船舶、貨櫃與其他貨物的移動、船舶的裝卸作業、海關業務等；人力資源、錨地、航道、燈塔、拖輪、船席、倉庫的規劃與配置，以及其它尚須分配與釋放的儲藏空間（Storage spaces）管理。因此港口的有效管理，必須包括這些業務與資源的處理，以及管理介於提供與使用這些資源的經理人（Agents）間的金錢流（Flows of money），並提供相關的管理資訊。

　　但無論如何革新或創新，下列港口運作的特質總是不變的：

1. 港口營運涉及公益民生，因而需要公權力機制監督，亦即航政監理。如交通部航港局具港埠費率的審核、港區水域使用的優先排序等權限。

2. 港口囿於港域面積等地理因素，如碼頭座數與機具數量，所以產能有其極限性與不可儲存性，因而無法因應非預期性的大量作業需求。如難民、救濟物資、季節性貨載在短時間內集中湧進港區等。

3. 港埠業務自古以來就是依賴經驗、技術與大量勞動力進行的，由貿易商及海運業者掌握主導權；晚近隨著港灣業務的機械化、資訊化以及貨櫃化等發展，使得海運運作亦產生變化，因此保有高度專門性的港口遂成為物流鏈的關鍵節點（介面），並發揮中間（端）物流事業者的機能與角色。因此最近每有港口相關業者以「港灣物流業」自居。

4. 儘管當前的旅客運送仍以航空為主，但海運挾其量大成本低的優勢，仍是最重要的物流市場，尤其像我國四面環海，傳統上以海運為國際貿易主軸的思維更形重要。而最近興起的國際複合運送

（Intermodal），就是將陸、海、空視為一體，促進國際物流加速脈動的產業。

5.2.4 船舶繫泊（Ship's berthing）

船舶繫泊一般接納入港務公司的港務部門掌管業務，如我國的港務公司即由港務處掌管，在港埠作業運轉中居於關鍵地位，因為繫泊業務的適當與否，直接關係航商利益與港口效益，乃至國際貿易暨影響國家聲譽，故調度必求公平、靈活，並應以合理簡捷的手段達成作業目的，完成經濟利益的目標。如同前述，港口資源有限並且不具儲存性，故而全球商港港務管理機關無不力求縮短船舶入港及停靠碼頭時間，充分發揮港埠作業能量，尤應避免擁擠及碼頭船席被任何非作業船舶滯延久占，違背了充分運用船席及港埠營運作業之目的與效能。

一般營運船隻由商港管理機關（港務公司）的船席調配會議指定船席繫泊；非營運船隻，由船公司或船務代理公司向商港管理機關申請，經核准後，始得辦理入港手續進港，並指定泊靠於不妨礙其他正常營運船隻運作的閒置碼頭繫泊。

1. 船舶指泊（Berth assignment）

船舶指泊，係指船席之指定及船席調配，因每艘船舶入港均需獲得船席始能進行後續的進港作業，而為求有限船席之充分使用，必須加以適當的船席調配，所以世界各港皆有建立船席調配制度。船席調配除了以安全（Safety）為首要考量外，均係以船舶到港先後次序為

準，即先到先靠，後到後靠（First come first serve），盡量縮短船舶滯港時間（Shorten the turnaround／Quick dispatch）為各商港管理一致通行之原則。

基於港埠管理與公共利益之考量，船席需由港埠管理機關，如港埠公司，或港務長（Harbor Master）指定。而船舶進港必須繫留於經港埠管理機關指定的船席（Assigned berth）。實務上，船席的申請是由航商或船務代理公司（Shipping Agent）於船舶抵達前至少 24 小時（各港不同）前，填具下列「船席申請與指泊」（Berth application and assignment）提出申請，以利港務管理機關或公司預為安排調度。以下為一般港口的船舶船席指泊申請書樣本，內容要項可供參考。

BERTH APPLICATION AND ASSIGNMENT
TO: TRAFFIC DEPARTMENT   BERTH APPLICATION NO.
XX HARBOR AND TERMINAL DISTRICT

We hereby apply for Berth:

Vessel: _____   Type: _____

Charterers/Owners: _____   Port of Registry: _____

Nationality: _____ GRT _____ Length: _____

P&I Club: _____

Arrival Draft: _____ Sailing Draft: _____

ETA: _____ Sailing Date: _____ Days in Port: _____

Agent: _____ Stevedore: _____

Cargo to be Loaded: _____ Total (Tons/Ibs.): _____

Will Lift Cargo for the Following Ports: _____

Next Port of Call: _____ Last Port of Call: _____

Cargo to be Discharged: _____ Total (Tons/Lbs.): _____

Point of Origin: _____ Line Handler: _____

圖 5.2　船席申請與指泊申請單

　　一般港埠管理機關都會在指泊申請書上註記下列但書（Proviso），表明不論任何原因，港埠管理機關不為在港繫泊船隻的安全與財產損失負責。此顯然是港埠管理機關的卸責條款。

　　「It is understood and agreed that the XX Harbor and Terminal District will not be responsible for the safety of any vessel nor injury or damage thereto, nor to the employees of any vessel, their agents or assigns, nor to the property of any vessel or the property of its employees, agents, or assigns, regardless of cause or source thereof, while tied-up at the facilities.」

附註說明：

　　有關各國港口的船舶入出港管理，以及船舶停泊及停航作業規定，每有修正刪增，為求正確與時效性，只要至各港官網皆可輕易查得，本書不再贅述。

　　目前臺灣各大商港對於船席調配，均設立船席調配會議，每天早晨定時召開會議（星期例假日除外），就預期進、出港船舶負責船席調配工作，由各港港務長或代理人擔任主持人，與會人員有港務及棧埠有關業務人員，以及各船公司代理行均指派代表加，會中決定如何對船席、倉棧予以最經濟最有效的安排，船公司及代理行代表如有疑難問題，可當場提出，由港務公司有關人員立即解決或解答至圓滿為止，本會議必須是在公正、公開、合理、合情的方式中進行和結束，如遇有航商提出異議，就得透過充分溝通與適度之妥協，以讓當事船

公司及代理行均能尊重與接受，始能化解糾紛，俾使船方與港務公司在彼此利益前提下，更能配合作業發展業務。

行之有年的船席調配制度，在商港管理運作中，居於核心地位，影響港埠運用效率至鉅，而且需要各方配合方能收事半功倍之效果。配合之道就是船方應恪守商港管理之相關法規；商港管理機關之裝卸、倉儲、拖船、轉運車機，以及內陸運輸等均應緊密配合作業，不能一環鬆弛，否則就會發生到港船舶無法順暢儘速進港靠泊裝卸，在港船舶不能及時裝卸完貨載離港的窘況。似此，依照既定船期（Fixed schedule）要進港的船舶因無足夠碼頭船席容納，勢必被迫在外港等候。也就是預定出港的船隻無法出港，應該進港的不能進港，受此惡性循環影響，港口擁擠或壅塞（Port congestion）便應時發生，造成嚴重瓶頸現象，這是船、貨、港三方都不願見到的。

船席調配的最高原則在於充分運用船席，使船席的空閒時間減至最少，並使靠泊於船席之船舶皆能迅速的完成貨物裝卸工作，而不發生裝卸作業中斷之閒置情況。船席調配會議，為充分了解船舶情況，各有關船公司代理行均需派負責人代表與會，同時需事先將已指定船席之船舶，其預定裝卸作業完畢時間提出匯報；。至於棧埠作業主管人員應在會議之前將各在港船舶載貨類別、數量，裝卸作業情況及貨櫃橋式起重機出勤等資料搜集，均提供船席調配之參考。船席之指泊除另有特約外，以船舶先到先排為原則，同時主持人應考慮船舶吃水與碼頭水深之配合、船舶長度、船舶類型、貨物種類與數量、天候、碼頭設施等因素，茲分述如後：

(1) 船舶吃水與碼頭水深之配合：因各碼頭水位，深淺程度不一，

需慎重確認來港船舶之吃水，配合碼頭之深淺，以免發生無法靠泊或擱淺等之海事損害。

(2) 船舶長度：船席安排首先考慮船舶長度與船席長度配合，同時保持船與船之間之相當距離，靠泊不致影響本身之安全，甚至造成鄰近船隻之安全。

(3) 船舶類型：如客輪、大宗散裝船、穀類船、液體船、貨櫃船，及汽車船（Car carrier）／駛上駛下型（Ro-ro ship）船，後兩者之裝卸皆由船舷之左（右）側或尾部放下跳板（Ramp way）作業，則需事先考慮碼頭設備、空間是否有障礙物影響此類船舶的靠泊與裝卸作業。

(4) 貨物種類：如船隻裝卸易燃或危險物資，則需顧慮其安全，安排至特殊碼頭，以策船、港之安全。

(5) 碼頭設施：如倉庫或通棧的有無，裝卸機具的產能等。

(6) 天候因素：如某船席位置受氣候影響無法裝卸，需改泊其他船席始能作業。

可見船席調配必須按照碼頭設備、通棧容量、船舶類別，與貨物種類作適當之安排，始能達致確實控制各船之裝卸實況，降低航商港埠費用，進而達到靈活調度充分運用船席之目的。故船席調配制度可概分為三類：

(1) 優先捐泊制度：係指定某船席為某船公司船舶，或某航線船舶，或某類船舶優先靠泊之船席，在該類船舶尚未來港時，可指泊其他船隻泊靠。該制優點為有利船公司營運計畫及船期之訂定，而樂於接受，但船席運用率則較臨時指泊制度較低。必

須強調的是，欲享受此制度的航商通常需支付經協議的優先費，一般業界稱為「買優先」。

(2) 臨時指泊制度：係由船公司，船務代理公司於船舶到港前提出申請，再按船舶到達之先後順序臨時安排船席。該制之優點為船席可靈活運用，缺點則為船公司在其船舶到達某港之前，對於靠泊碼頭毫無把握，其營運計畫之訂定及船期之安排，難於確切。

(3) 長期定泊制度：係由船公司（或某單位）訂約承租某碼頭取得長期使用權。該制之優點為獲得承租之船公司（或單位）取得使用權，可事先確定其船舶所靠泊之碼頭，有利其長程營運計畫之訂定及船期之安排。缺點為獲得承租權之船公司（或某單位）取得使用權後，常因同業競爭或其他商業理由，在無船靠泊碼頭時，也不願轉讓其他船舶使用船席，致生閒置情況而不能作有效之運用。

5.2.5 港務長（Harbor master）的職掌

一般人或許知道港埠管理系統設有港務長的編制，但有關港務長的職掌為何，卻一無所知。「港務長」一職係指在港區內依照港務規則執行任務的責任者，歐美國家稱為「Harbor master」，日本稱為「港長」（こうちょう）。實務上，吾人皆知港務長掌管處理的港埠相關業務幾乎無所不包，根本無法詳加劃定，何況每一港口都有其特別的運作習慣與當地環境考量，故而很難一致性的詳述港務長的職

責。但無論如何，大原則總是相去不遠地。例如，許多先進海事國家港口的港務長都會定期親自乘坐車船巡視轄區水域與港口設施，以確認港區航道與港埠設施是否完備，或有無需要改善之處。

圖 5.3　英國 Southampton 港的港務長專用巡視艇

Source: www.freefoto.com

　　基本上，港務長乃指在某一港區執行海事管轄權的首長，並需具備下列基本條件者：

1. 執行涵蓋某一港口或港區的海事管轄權；
2. 掌有經國家法律、規章賦予執行上述管轄權的機關；
3. 其職責應包括為航運運作所衍生之法律的及相關作業的責任；
4. 確保船舶在其管轄水域的航行安全。

　　在我國，上述條件或許為港務公司總經理之職責，港務長只不過承命執行而已。但國外港埠確實由港務長獨立行事。此外，每一港口

圖 5.4　英國 Poole 港的港務長專用巡視艇

資料來源：Wikipedia

除了受到各種不同的天然條件限制外，在程度上或多或少都受有國家政府所施與之法律的、財政的及政治的控制和干預，所以吾人對於全球各港皆有迥然不同的經營與管理手法就不足爲奇了。

　　我們知道一個港埠管理機關所行使之海事管轄權的範圍幾乎毫無準則可循，實際上，常是諸多歷史的演進乃至偶然所促成地，例如某一港口可能負有其港區及其直達公海之趨近水域內的海事管轄責任，然而某些港口之管轄權則可能僅止於部分圍蔽水域、水閘通路甚至沿岸碼頭之外圍水域而已，似此，後者極可能需要另設一組織對港埠之趨近水域施行管理或管制措施。此等組織可以是國家或地方政府的權力機關，亦可以是特設的港灣管理委員會。實務上，一般國家皆以區域爲單位，並由該區內之某一港口爲中心，將區域內之各水域劃歸該

沿岸港口管理機關管轄。例如我國將蘇澳港與臺北港歸諸於基隆港管轄即是一例。值得一提的是，某些港口可能具有較廣泛的管轄權，即其權力遠超過其地理與自治管轄界限，但此通常是作爲污染防治與打擊犯罪的考量與權宜配套措施。

又港埠管理機關既然具有海事管轄權就必須履行職務，執行其應有功能及管制權力，但實務上這些事務的責任皆不是由港務長本身負責。原則上，民營港口之港務長的權限完全得自於其雇主的授權，而雇主通常是法律上賦予其具有規範港務長的責任與權限者，反之，某些國家的港務長職務則是由國家直接立法授權者，例如英國即是，並在立法中詳述港務長可直接或間接獲取全面或局部的授權，此主在適當且合理地限制港務長執行權力。

另一方面，早期我國各港務局的港務長一職大多採行自政府組織內部的資深官員中擢升者，例如來自軍方或文職對調者，通常負有較大的責任與特殊的考量，所以上任者必須具備相當的專業資格與相關經驗。在英國與法國，港務長必須具備海軍艦長或商船船長之資歷背景，並經考試及格者。其他一般國家則多要求至少具有商船船長（Master Mariner）資歷者，有的甚至規定至少要一定期限的船長資歷始可擔任。亦惟有如此才能與港務長（Harbor Master）的「Master」一職名實相符。顯然之所以要求港務長需具備船長資格者，不外乎任者務必具備懂船懂海的專業知識。

其實，港埠環境甚爲複雜，故而最低資格要求甚難界定。值得一提的是，某些港口之港務長的任命可能基於酬庸或其他特殊考量，而非經由任何正式的資格審查所遴選者，因而吾人對上任者的背景與專

業水平亦勿庸驚訝，但此多發生在第三世界或未開發國家。必須一提的是，民國 103 年我國基於政、企分離考量，對既有港務局進行組織改造，分離後的臺灣港務公司，以及其屬下的各港務分公司所編制的港務長一職率皆由非航海或海事背景出身的人士出任，因而常引發外界專業不足與適才適所的非議。

顯然地，對所有民營港埠之港務長而言，除了法定職責外，尚需負起既定預算下的港埠管理責任。如同前述，幾乎港埠內之所有作業，港務長皆需參與監督，何況還有許多航商客戶的個別要求。至於公營港埠的港務長，除了上述繁雜的承辦業務外，更需面對來自各級長官與民意代表的監督乃至關說，使得港務長的角色更趨多元複雜。

另一方面，由於港埠使用者永遠要求無缺點的服務，例如高水準的交通管制、新穎有力的拖船、高效率的橋式機操作手與碼頭工人等。所以一位盡職的港務長只有不斷地推行各種港務改革以滿足顧客的需求，但吾人知道任何行銷策略必須考量相關承諾所衍生之額外增加的成本，因此作任何投資決策時絕不能隨航商起舞，而需審慎評估投資效益與可行性，究竟往昔有太多的錯誤決策是因港埠管理機關輕信航商不忠實的反映所作成地。當然從事服務業總是有風險地，但從港埠的收費架構與投資行為足可反映出一個港埠的經營哲學。基本上，港務長在整個港埠管理團隊內所應扮演的角色，乃是善盡忠告之責，因為整個港口管理團隊最希望港務長能夠整合並提供有關船舶、航運運作、海運法規等之最正確且完整的知識與資訊，再據此作出對當港最有利的營運策略。

此外，從港埠作業安全的角度來看，吾人皆知對港埠作業造成衝

擊的自然與外在因素頗多，因而縱使港埠管理機關採取最大的努力，亦不能確保完全抑制意外事故發生的可能性，然而事前的防範規劃總是正面地，而且可使意外事故所造成之傷害減至最低，所以制定各種可能發生之意外事故的緊急應變計畫（Contingency response plan）是絕對有必要地。而任何應變計畫制定的邏輯乃基於對所有可能的「危險」作出正確的評估，並著重於防止與限制損害情況的惡化，而且要以最壞的情況作為因應的依據。港務長在緊急應變計畫中的角色雖不易明確釐定，但不可否認地，在港區內港務長不僅具有至高的權力，更掌握主要機具設施的控制權，因而若套用國際安全管理章程（ISM Code）的定義，則港務長將是所有應變計畫的最終稽核人（Auditor）。港務長既然擁有如此有利的管理資源與條件，則為確保其本身與港埠的利益就必須面對所有潛在風險採取積極的態度，督促所屬擬定各種應變計畫。

毫無疑問地，當一艘船舶航行於港埠管理機關的法定港界內，必定要受到港務長及其僚屬某種程度上的控制。但實務上業者常遭遇港埠官員所下達的相關指令在實際上不可行，或是專業不足而引發爭議的情況。例如在當前的法律規範下，船長負船舶安全（航行）的最終責任（Final responsibility），使得港務長對航行於其所管轄港域內船舶的航行，究竟可干預至何種程度的疑惑。很遺憾地，至今為止仍無一明確的規定，故而一旦爭議發生，每需透過協商甚至以行政命令解決之。

事實上，從往昔國外海事法庭所判定有關港務長權限的案例吾人得知，除非有明確的證據（Manifest evidence）顯示若遵循港務長的

指令將會造成意外事故，否則船長或引水人皆應遵守港務長的指示。此表示港務長雖有權下達指令，但必須要考量其所下指令是要被港埠使用者遵守地，並應當要對其所下指令負責。此再次凸顯出港務長具備專業知識的重要性。

　　另一方面，不管港務長所下指令是否以最審慎態度所作成的，實際負責操船者都應要冷靜判斷，尤其在拒絕接受港務長指令的情況下，更應謹慎評估以免導致嚴重的後果。當然拒絕接受指令者應為其行為負責。以下特舉一件發生於一九三六年的某一撞船案例加以說明。

　　某船在港務長的監督下，欲自泰晤士河內的某船渠倒俥退出，然而港務長卻無視於渠口停有數艘駁船已阻礙到船舶進出渠口的事實，仍舊下達船舶出渠的指令，船長亦未判斷當前情勢，貿然依據其指令啟動倒俥將船退出，直至港務長發現船舶將碰上駁船時，才發出要求船舶立即停俥的信號，繼而要求其採進俥以制止或減緩船舶後退速度。遺憾的是，船長未能依據其信號立即停俥，致使大船的俥葉打到駁船而造成葉片受損。事後，船東以港務長未能依其職權移開駁船，即命令船舶退出渠口，顯然疏於職守，向海事法庭提出告訴。身為被告的倫敦港務局則辯稱港務長只是單純地要求船舶離開船席，並無給予任何更進一步（船舶操縱）指令的義務，因而無需負責。

　　結果，如同多數海事判例一樣，海事法庭依舊採各打五十大板的作法，即法官認為儘管港務長負有疏於疏散駁船的過失，但身處船上卻未能在充分時間內將船停止的操船者（船長）亦應為事故負責。因為法官認為船舶的安全只能由一人負其全責，當船舶欲退出船渠時，

船長理當遵從港務長的開船指示，但船長卻未必要遵從任何可能將船舶導入危險境地的指令，而此一是否會使船舶陷入險境的後果完全取決於船長的決策，畢竟船舶是由船長一人指揮的，尤其法律更不容許船舶操縱出現雙頭馬車式的指揮模式。

另一方面，港務長當然有權下達指令要船舶離開船席，但卻不具有指揮船舶實際運轉的權力，若果港務長執意介入指揮進而導致事故的發生，則其勢必要為其疏失或不當作為負責。此好比尚未登輪的引水人在引水艇上可以對到港船舶作原則性的指引，但卻不能要求船長完全接受其有關操船上的運作細節指令。法律上，船舶違反港務長的規定，船長應負完全責任。但實務上，港務長選擇執行其權限的程度依各港的運作習慣有很大出入，因為某些港口的港務長權限甚至只是發給船舶進出港許可（證）而已，有些港口則是可以直接介入指揮船舶的所有運動。至此，吾人可以確定的是。身為船長或引水人應當遵從港務長的指示從事航行作業，只不過遇有船舶引領或航行技術上的疑難狀況時，就應依憑本身的操船專業加以判斷，並據以採行決策，因為幾乎所有港務長所下達的指示都是原則性與例行性的，當然對意外事故的發生也是無庸負責的。

第六章　港埠經營概念

6.1 港口環境背景的變遷

　　長久以來，港口在世界貿易中承擔了重要角色，未來此一角色功能勢將繼續，但相較於七、八○年代，當前投資者對港口戰略定位與營運管理模式已然大幅修正，使得世界各大港口的競爭布局與策略亦產生很大的變化。

　　眾所周知，市場化（Marketization）是指利用市場作爲解決社會、政治和經濟問題等基礎手段的一種狀態，意味著對經濟的放鬆管制，對工業產權的私有化。基本上，市場化的工具有許多種，比較低程度的市場化就是外包（Outsourcing），比較高程度就是完全出售。通過市場化，實現資源和要素最佳化（Optimization）配置，從而提高社會效率，推動社會進步。而港口就是市場化程度相對較高的產業。近二十年來，全球各主要港口無不經歷了從粗放型成長（Extensive growth）走向精緻化管理（Delicacy management）轉變的過程，尤其隨著碼頭場站（Terminal）營運步入商品化的時代，港口的管理與經營方法變得更加透明，使得新的港口競爭優勢已不能再像以往僅局限於提升碼頭（作業）營運水平的狹窄區塊。

　　另一方面，吾人現今正處於一個需求（Demand）多過需要

（Need）的時代，其特質就是多元化的利益格局變化無常，導致港口間的競爭已成常態。如同其他企業一樣，港口競爭力的泉源亦來自經由積極研究開發取得獨特的營運技術，進而生產具差異化的產品或商品，而為構築具有國際競爭力的港口營運與生產方式，就必須持續不斷的進行創新活動。故而港口必須尋求包括行銷、業務與服務差異化的競爭優勢，而且應盡量避開低端服務的競爭。亦即我們必須意識到，港口產業很難像往昔一樣，僅單純地依靠碼頭裝卸的勞動服務謀求利潤的增長，而是要將港口營運範圍與業務項目擴大至環港周邊區域，一改過往僅讓港口營運獨奏撐場，而忽略了呼朋引伴齊鳴交響樂章的乘數效果。

其次，技術革新推動商業型態變革，使得生產技術和社會分工對港口營運產生深遠影響。回顧十七世紀，工業革命成就了大量的工廠，進而造成港口貿易量迅速擴大，傳統製造商人（Factories dealer）與船東（Shipowner）演化成跨國貿易商（Cross-border trader）和航運公司（Shipping company），並開始產生類似號稱史上首家跨國企業的荷蘭東印度碼頭公司（Vereenigde oostindische compagnie）的專業港口營運（Port operation）機構。之後，隨著二次大戰後貨櫃化（Containerize）運輸時代的到臨，港口逐漸由歷史上的貿易場所（Trading field）演變成物流鏈的樞紐（Logistic hub）。

再者，隨著反保護主義（Anti-protectionism）高漲與全球化（Globalization）運動浪潮的推進，港口與腹地、腹地與腹地之間的關係變得更加緊密，使得港口再度回歸到其「促進貿易」（Promotion of international trade）的核心價值主張。

　　現代港口基本上形成於二十世紀，主要是透過技術革新（Technological innovation）、法規鬆綁（Deregulation）、物流整合（Logistics integration）等變化給碼頭帶來新的發展動力，而部分港口為了提高效率、降低財政負擔，陸續將港口或碼頭的經營權委託給專業的「港口（場站）營運人（商）」（Port/Terminal operator）經營，此後「港口（場站）營運人（商）」的角色與功能即迅速崛起並擴張。「港口（場站）營運人（商）」係指與港口主管當局簽約的港務局或港務公司，依照契約規定的最低生產率作為營運的利益基礎，藉由港埠處理與運送貨物。「港口（場站）營運人（商）」可能是國有的（如港務局、港務公司），更多的是私人企業（航商、裝卸貨業）。這種港口經營型式的變化在往昔凡具壟斷性質產業都應是國（公）營企業的威權時代是不可能發生的。

「港口（場站）營運人（商）」係指與港口主管機關簽訂合約，明訂進出港口最低貨物處理量的港口公司

　　Port/Terminal Operator is port authority or company that contracts with the port authority to move cargo through a port at a contracted minimum level of productivity. They may be state-owned (particularly for port authorities) or privately run.

　　然而，全球港口在二次大戰後嚐盡數十年經濟快速發展的輝煌獲利成果之後，眼前的經濟（營運）增長速度放緩現象（Decelerating trend）已成為新常態（New normal）。因此各國港口或碼頭間的同質化競爭（Homogeneous competition）問題勢必更趨激烈，也迫使港口（場站）營運人不得不將營運訴求從當前倡議的加值服務（Value-added services），進一步聚焦於價值創新（Value innovation）。「價值創新」是現代企業競爭的一個新理念，它不是單純提高產品的技術競爭力，而是通過能為顧客創造更多的價值來爭取顧客，並協助合作的客戶或企業獲得經營、管理與行銷上的成功。因為現代企業管理市場競爭的手段不斷變化，關鍵技術固然是十分重要的途徑，但是向價值領域擴展才是當今的趨勢。「價值創新」思惟之所以會成為港口應該努力的目標，原因在於它並非著眼於「競爭」，而是力圖使客戶和企業的價值都出現大幅成長的佳績，並由此開闢一個全新的、非競爭性的市場空間。

另從國際海運經營層面觀之，自 2009 年金融海嘯以來，全球GDP 增長放緩、貿易低迷，加諸中、美兩大經濟體（2018 年）的貿易戰爭，使得海運業陷入連續十餘年的低潮期，此當然連帶地影響港口的業務與績效。儘管如此，各主要航商惟恐不跟進就被淘汰，而不得不繼續訂造更大型的新船投入市場搶奪市占率，因此全球商船隊的總噸位數仍高出貿易量甚多，造成供需嚴重失衡的市場慘況。

雖然港口對於經濟風暴具較強的抗禦能力，例如在 2009 年全球經濟危機中，多數港口依舊能保持較低但穩定的獲利。但不容否認的是，全球經濟下行壓力（Economic downturn pressure）將促進海運物流生態圈中的參與者展開商業模式變革與技術革新以圖存續，比如航運公司採行「聯盟重組」與「船舶大型化」策略就是最典型的手法，

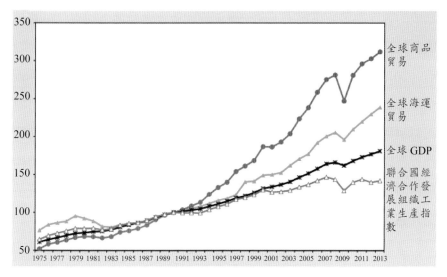

圖 6.1　供需失衡－全球貨櫃船隊運送能量超越全球 GDP 與海上貿易量

Source: UNCTAD, 2014

凡此變革終將影響港口的利益布局（Layout）。

　　如同前述，相較於上世紀末與本世紀初經濟和貿易的快速增長，當前（2018 年）全球經濟復甦顯得非常緩慢，航運公司擔憂的諸多問題逐漸浮現，包括市場需求低迷（Market demands fatiqued）、產能過剩（Excess capacity）、現金流不穩定（Unstable cashflow）等，使得航運公司走向航運（航商）聯盟（Shipping conference）的營運模式成為必然趨勢。所謂航運聯盟是指二家（含）以上經營定期航線（Liner service）的輪船（海運）公司在運輸服務領域上，進行屬輪航線和灣靠港口互補、船期協調、艙位互租，以及在運輸輔助服務領域上的資訊互享、共建共用碼頭和貨櫃堆積場、共用內陸物流體系而

結成的各種聯盟。事實上，此一營運模式確實讓航運公司獲利可觀，因此航商間利用此運費、艙位互通互利的運作模式未來將會持續。眼前（2018 年）全球主要貨櫃船聯盟的載運力（Carrying capacity）占全球總載運力的 80% 以上，其對亞洲與歐洲、北美間的定期船市場占有率更超過 90%。面對此一運送人（Carrier：海運公司）拉幫結派幾近壟斷局面，意味著託運人（Shipper：貨主）對於（商品的選擇與議價空間（Wiggle room）非常有限。此在 2020 年 COVID-19 疫情期間航商技術性抬高運費得到印證。

　　毫無疑問的，航商或海運聯盟必定也會對港口作業提出更複雜的要求，如大規模的貨櫃（載）集散與運輸、船舶與貨櫃的跨港調撥銜接等業務即是。因為藉由聯盟的運作，聯盟成員增強了自身的議價能力（Bargain power）；反之，港口營運方則處於相對被動的位置。原因不外：

1. 港口與港口之間的競爭將因聯盟船隊的集中選擇變得更加激烈；
2. 航運公司高度集中的作業量意味著其有更強的議價能力。

　　結果港口方為了在競爭激烈的大環境中圖存，通常只有妥協允諾配合航商將硬體升級、提升效率與降低費率一途。其中優惠費率通常是港口方最常祭出的招商手法。

　　至於船舶大型化的演進背景，主要乃因近代造船技術突飛猛進，航商為求最大規模經濟（Scale economy）效益，在技術與安全無虞的情況下，船型當然愈造愈大，其中尤以貨櫃船為最。另一方面，從港口經營角度觀之，船舶大型化可降低單位運輸成本的主張人盡皆知，但海運業者卻忽略了面對這些巨型船舶抵港造成「瞬間大

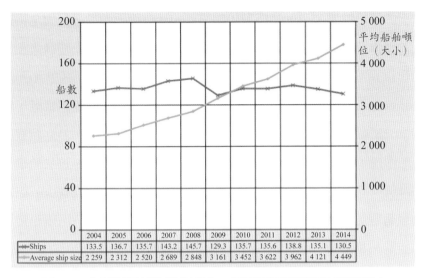

	2004	2005	2006	2007	2008	2009	2010	2011	2012	2013	2014
Ships	133.5	136.7	135.7	143.2	145.7	129.3	135.7	135.6	138.8	135.1	130.5
Average ship size	2 259	2 312	2 520	2 689	2 848	3 161	3 452	3 622	3 962	4 121	4 449

圖 6.2　全球貨櫃船數變化不大；但平均船型與噸位持續增大

Source: UNCTAD, 2014

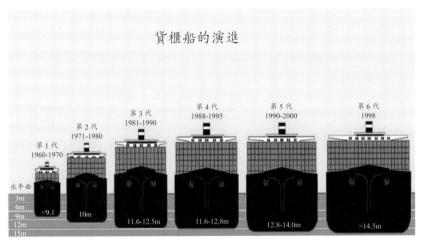

圖 6.3　貨櫃船演進─船舶吃水遞增

Source: www.virginiaplaces.org

量」的運輸特質，也就是巨型船舶灣靠的港口與碼頭需具備與之相匹配的陸岸端後勤配合與貨櫃處理能力。尤其船舶航行海上變數太多，如難以預測的強風巨浪，常使得船舶到港分配型態與模式（Arrival distribution）不定，一旦前行船舶因遭遇風浪造成拖班延遲抵港，致與下一班船抵港時間過於接近，常會造成碼頭空間擁塞、裝卸調度不易的困擾，最常見的就是碼頭與櫃場的嚴重塞車，進而導致生產量大幅降低；此時如後行船舶準時抵港，則輸出方（出口商或貨主）鎖定既定船期（Fixed schedule）準時進場的貨櫃（載），勢將阻礙正常裝卸作業，並占據一定空間，而且可能衍生額外的費用。

因此，在開發空間有限的傳統港口，如基隆、洛杉磯等港口，其胃納貨櫃船船型大小的決定，不應單取決於航道深度（Channel depth）或船席長度（Berth length），更要取決於港口處理大型貨櫃船的相關配套能力。

至於面對此一船舶大型化趨勢，港口究竟要如何因應？就硬體而言，除了無可改變的地理與水文條件外，港口方必須將泊位船席、裝卸設備等基礎設施升級，以取得與大型船舶相匹配的裝卸效能，進而縮短船舶滯港時間。此表示港口方除了要定期濬深航道之外，還要投下鉅資安裝更大型、更自動化的裝卸設備，同時引進更先進的 IT 作業系統。

顯然，船舶大型化不僅是航商的自我挑戰，同時帶給港埠極大衝擊，管理經營上，港埠不再只是傳統上僅負責裝卸、收取規費的被動角色，而需主動設想港埠的營運規模及作業能力是否能夠胃納大型船泊靠，進而提供多樣化、高效能的服務，否則終將面臨類如美國

西岸大港洛杉磯每年發生港口大擁塞，成群貨櫃船錨泊外海等候碼頭，無法進港卸貨的困擾。當然，美西港口每年發生的擁塞和勢力龐大的國際碼頭倉庫工會（ILWU; International Longshore and Warehouse Union）的冗長勞資談判有很大的關係，而非單純的運輸技術問題。

另一方面，由於運輸能量不具儲存的特性，使得港口作業的高峰期與低潮期的不均衡性（Malconformation）常成為港口營運人最棘手的問題。偏偏船舶大型化勢必帶來船舶灣靠港口數減少、單一港口裝卸量大幅增加的營運模式，此終將加劇港口作業高峰期與低潮期的落差，因此港口（碼頭、場站）營運人（Terminal operator）必須讓港口與碼頭作業更加智能化，以有效整合各種資源，進而確保效率與效益。

6.2 港口營運模式的演進與質變

每一港口都有各自的利基（Niche）或誘因（Incentives），如政局穩定經濟發達、地理位置適中縮短轉運時間、腹地基礎設施完善，可降低港口到腹地的運輸成本、腹地市場服務多樣化，可提供港口客戶更多選擇、港口營運公司的服務收費和品質，可增加港口競爭力、港口安全與保障，在爭奪高價值與具風險性貨物占有優勢等。而此等訴求都是航商選擇屬輪灣靠港口的重要選項。

其次，航商最為在意的港口費率（Tariff）的制訂，更是決定港口競爭地位的重要因素之一，因為在相同條件之下，港口服務的價格定會產生相對作用。再者，由於世界經濟的全球化，已使得港

口的招商訴求焦點，從較少競爭的公共基礎建設，轉移至可以提供一個講求效率，且具備競爭與安全的環境（A competitive and secure environment）。

另一方面，近年來隨著物流科學的精進改變，港埠事業及其相關作業亦產生根本變化，即朝向整合的合理化、省力化過程。而為節省整體功能單位的業務費用，一改往昔涇渭分明單打獨鬥的經營模式，朝單一窗口服務到底的「一條龍」方式整合。故港埠經營管理者亦不得不充分考慮使用者的意向，亦即配合港埠使用者進行垂直整合的作業模式調整營運策略。

由於港口競爭的環境變遷，聯合國貿易與發展會議（UNCTAD）於 1992 年依據下列三個標準將港口的進展分成三個不同世代，即

1. 港口發展方針、策略與態度（Port development policy, strategy and attitude）；
2. 港口活動的範圍與擴張（Scope and expansion of port activities）；
3. 港口活動與組織的整合（Integration of port activities and organization.）。

第一代指 1960 年代之前，當時的港口只作為海運與陸運貨物運輸模式間的介面。此一世代的港口是各自在港區內獨立運作的。也就是港口通常只在同一個場地單純地處理散、雜貨的裝卸與轉運，因而當時的港口生產力與貨物流通性都是緩慢的。

至 1960 年代後，公共港口管理機關開始意識到港口對當地經濟的重要性，以及對港口功能的更廣泛了解，因而激發了第二世代港口的誕生。此時人們開始將港區視為運輸、工業與商業的服務中心，取

代原有僅將港口單純的視爲運輸鏈中的一個節點（Node）的觀念。此一世代的港口，大都與運輸及貿易夥伴緊密合作，主要對象爲營運規模較大的託運人（Shipper；貨主）與船東（Shipowners），並允許他們在港區內建構貨物儲藏與轉運設施。

至於第三世代的港口則始自 1980 年代，主要係因全球性的貨櫃化，以及伴隨國際貿易成長的陸、海、空複合運送模式的問世。在第三代港口的營運與作業活動是專門與多元的，有時更是垂直整合的（Specialized, diversified and sometimes vertically integrated），以基隆港推行郵輪母港策略爲例，爲吸引東南亞籍旅客來基搭船，旅行社就配合開發「機 ＋ 船」商品，讓旅客從桃園機場入境轉搭巴士或專用遊覽車直達基隆郵輪碼頭搭船，也可算是典型的複合運送模式。

直至察覺到在不同地區的港口間採取結盟或併購的活動日趨普遍，聯合國貿易與發展會議遂於 1999 年將第四代港口定義爲：「物理上分離，但是藉由公共營運人或一個公共管理機關聯結」的模式。顯然，其與第三代港口不同的是，雖然價值資源並非來自港埠本身提供的附屬服務，但是主要（母）港口亦可處理位在其他地區的港埠相關服務。

另一方面，過去數十年來，海上運輸模式產生重大變革，連帶讓貴爲港口最大「使用者」的「船舶」的組成架構產生變化，如圖 6.4 所示，以運送雜貨爲主的貨櫃船（Container ship）其比例大幅超越傳統雜貨船（General cargo ship）；而船東爲降低營運成本，紛將屬輪改懸稅賦較低、規範較少的外國旗（權宜國籍；Flags of convenience）營運，故而造成本國籍船噸相對減少的現象；另一方面，貨主爲降低

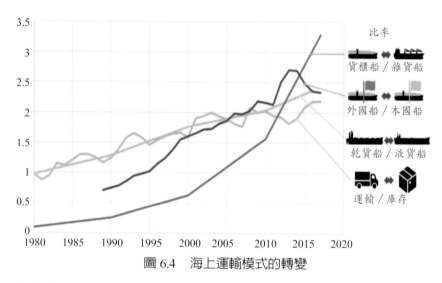

圖 6.4　海上運輸模式的轉變

資料來源：Jan Hoffmann / UNCTAD.
　　　　　(Cargo ratios are derived from ton-kilometers transported)

成本，無不極力推行「零庫存」策略，加諸人們消費習慣的改變，使得陸運的運輸量相對增加，也因而造就了無數新興物流運送業。

　　再者，由於當前港口在倉儲、轉運、裝卸等方面的營運能力都已達較高的水平，所以造成港口服務愈來愈趨同質化（Homogenization）。而鄰近港口的腹地相互重疊、貨類（源）雷同、作業習慣等因素，常使得港口的差異化競爭優勢無法突顯，致欠缺有力的招商訴求。以腹地物流效率為例，由於大部分港口的發展皆依賴於腹地，故而腹地範圍、經濟規模、區域發展活力都會影響港口的興衰成敗。事實上，目前仍有許多港口欠缺與腹地內產業緊密協作，亦即缺少高端的運輸網路規劃，以及具體的行動計畫。

　　無論如何，港口的競爭力與因應市場變化能力對於港口經營絕對是最重要的關鍵，回顧許多歷史重鎮，因為港口而興盛；反之，亦有港口城市因為競爭力衰退或市場變化而繁榮不再，如貴為百年老港的基隆最是衰頹典型。值此全球化的競爭激烈時代，港口必須面對更多新的挑戰，而如何在此局勢下，保有港口獨特的優勢，並創造被利用的價值，才是最重要的。

　　綜觀上述，在新一輪港口轉型升級中，港口（場站）營運人必須平衡三個方向的衝突（Confliction; Contradiction）始有可能讓港口重生：

1. 平衡港口獲利能力與腹地海運物流競爭力的衝突；雖港口作為海運物流的重要一環，但港口的最佳化決策並不等同於整個物流鏈的最佳化決策。

2. 平衡單一港口獲利能力與港口網絡（港口群；Port Cluster）獲利能力的衝突；港口很難從激烈的同質化競爭中獲得最大收益，反之，差異化的港口定位和價值創新有利於形成更好的局面。

3. 平衡港口短期獲利能力和長期獲利能力的衝突；可以預期的，企業環境與架構的任何改革都會犧牲部份既有利益方，但如不改革很難換取更有利的發展環境，港口的經營與管理亦當如此。

　　值得一提的是，港口在進行價值創新的營運改革時，常會帶來無預期的溢出效應，所謂「溢出效應（Spillover effect）」是指在某方面的發展帶動了該事物在其他方面的發展。例如眼前許多國家推動的智慧港口策略，港口的建設並不局限於對港口自身的基礎設施建設和資訊化提升，還將積極促進物流價值鏈周圍形成健康有序的商業環

境，帶動海運物流生態圈的發展。例如港口智能化、自動化將提升港口供應鏈的合作效率，而供應鏈合作的能力和經驗累積將可推動港口運配（貨）體系最佳化，進一步帶動腹地市場便捷的物流交易，以及物流價值鏈中的參與各方提升競爭力。

必須強調的是，由於改革創新可能產生溢出效應，故單項港口計畫的實施未必能從該項目上帶來直接經濟效益，而是對其他項目產生積極的正面影響從而轉變爲商業價值。這意味著港口營運人需要綜觀全局，而不急於在單項計畫上獲取短期利益。例如港口的網路系統最佳化工程、大馬力拖輪的購置，在短期內看似花費鉅資回收無望的無謂投資，但透過類似布局使得港口服務能力的提升，終將招徠更多船舶灣靠，故在長期上仍是值得而且必須投資的資本財（Capital good）。

價值鏈

價值鏈（Value chain）是由波特（Michael Porter）在 1985 年所提出，在《競爭優勢》一書中，波特指出若一企業要發展其獨特競爭優勢，或是爲股東創造更高附加價值，策略即是將企業的經營模式（流程）解構成一系列的價值創造過程，而此價值流程的連結即是價值鏈。

6.3 港埠經營理念

儘管全球各大商港建港理念與營運目標，率皆以暢通物流富裕民生為主，但各港的經營與管理卻容有差異，其中除了受國際公約規範與港口國的法規約束外，有很大程度受當港特有環境文化所形成的傳統習慣影響。此亦是海運與港口相關業者面對許多業務上的疑難與爭議，即無適當法規可資遵循而需依照所謂「傳統習慣」行事的無奈。所幸晚近資訊發達，港口作業的相關法規、訊息與各種作業流程，都可輕易地從各港的官網查得，因此本書對於各港口的營運細則與規定不予贅述。

基本上，港埠經營首重運作順暢與合理獲利，故不論經營者的背景為何，傳統上港埠經營原則不外；

1. 安全第一（Safety first）；包括人員、船舶、貨載、港埠設施、港區與鄰近城市的安全。

2. 縮短船舶滯港時間（Quick dispatch）；此含括將貨載快速裝船，以及將貨載迅速交予收貨人兩個層面。縮短船舶滯港時間將可降低航商泊港與營運成本，提高航商來港灣靠意願。

3. 先到先服務（First come first serve）；基於港口屬稀有公共財（Scarce public goods），兼具公共利益特質的考量，故對所有使用者制定「公平、透明、合理」的遊戲規則是絕對有必要的。

4. 增加週轉率（Shorten the turnaround）；此猶如坊間餐廳的翻桌率，設施使用周轉率愈高獲利當然愈高，也相當程度反映了港口的整體作業效率。

5. 具競爭力的港口費率（Competitive port tariff/Charge）；是指港口對貨物進行裝卸作業，或為船舶提供港口設備和勞務，而向貨主或船方收取的各種費用標準。港口費率的形成基礎是港口企業為貨物裝卸、堆存、保管等服務所消耗的社會必要勞動時間及價值。它由成本、利潤、稅金三部分組成。港口費率的訂定，除了以服務性勞動價值為基礎外，還要考慮裝卸服務的供需關係、競爭對港口費率的影響、國家對港口費率的調控、貨物對裝卸服務費率的負擔能力等因素的影響。毫無疑問的，如果供需條件相同，航商當然選擇港口費率較低的港口。以貨櫃（每一動作：Per move）的處理費為例，每一港口都有價差，因此如裝卸效率相同，航商當會選擇灣靠相對價廉的港口。

港埠業務費之項目及費率標準表

各港口之「港埠業務費之項目及費率標準表」可從當港的官網查詢。

然而無論如何，上述原則終究只是理想而已，基於各種誘惑，全世界商港都無可避免地要面對來自各方的壓力與不當介入（請參閱圖6.5）。可以理解的，職場上只要是涉及利益，就會引起人們各種不當的想法，進而破壞了原先約定的秩序，此尤以未開發國家為最。例如每一家船務代理公司總認為自己是港口最重要的使用者（顧客），因此其所代理的船舶當然要先進先出；更有少數港區業者，只要業務

上稍有不遂，就央求高官或民意代表介入關說施壓。似此，人爲破壞港區既有紀律的情事，幾乎天天上演，也常成爲港口業務承辦人員的主要壓力來源。面對此一情勢，制定明確與透明的機制絕對有其必要，惟有如此才能杜絕行事不公與業界的不當念頭。

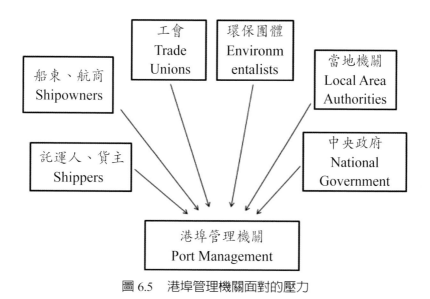

圖 6.5　港埠管理機關面對的壓力

　　如同前述，港口欲從激烈的同質化競爭中獲得最大收益，務必營造差異化的港口定位和價值創新，始能形成更好的局面。其實，在商業化無所不在的今天，全球各國際商港的經營者，亦皆深知不走差異化難以圖存的道理，因此無不積極的賦予港口明確的定位；如：

1. 基隆港的「內客外貨」策略，即內港全線規劃成郵輪碼頭，並推動郵輪母港爲主、掛靠港爲輔的行銷策略；外港則專供一般貨輪作業；

2. 新加坡港以自動化、智能化的物流革新技術推動轉口業務；

3. 美東紐奧良港的商業訴求就是強調聯外交通的多元與暢通無阻；

4. 佛羅里達的 Port of Tampa 則強調（相對於鄰近港口的）超低港埠費率；

5. 比利時安特衛普港則主打地理位置適中（歐陸中央），與各內陸國等距，易於轉運與較低的轉運費率；

6. 西班牙巴塞隆納港主打水岸綠化，以美觀與水土保持吸引觀光客。

　　毫無疑問地，每一港口各有其強項，如腹地貨源充足、地理優勢、費率優勢、效率優勢皆是。但最重要的是，要如何將此等強項推銷出去。因此積極招商是目前各國際商港的必要作為。遺憾的是，國內商港長期以來，從往昔港務局時代直到現在的國營企業一臺灣港務公司，基本上都欠缺「經商營利」的企業經營理念，究竟員工很難完全拋棄「國營企業」的公務員心態，更不會有經營不善恐有虧損停業的危機意識，故而忽略招商契機，坐等生意上門的消極念頭甚為普遍。

　　或有論者無法同意上述論點，不容否認地，臺灣港務公司亦曾努力改善經營策略，如多元化（Diversification）經營與分散投資，然而不是失焦就是格局不大，基本上仍無法跳脫「房東」的思維。究竟港埠管理機關擴大商機的作法絕對不是想盡辦法出租原本就極為有限的港區土地與場站，試想一個港區戰略性地標如僅靠出租給業者販賣咖啡收租獲利，豈不將「港口」的應有功能作小了。故而經營者絕不應沉浸在「收租」的僵硬思維上，而要將眼光放遠放大。

6.4 港口創新與智慧港口

　　很顯然地，往昔單純地依靠港口或碼頭作爲運輸鏈關鍵節點（Node）或介面（Interface）的優勢，企圖藉由地理位置、管理技術、裝卸服務效率獲取效益增長的港埠營運模式已變得難以持續，更不可能是永續經營（Sustainable management）的作法。因爲不同於高科技公司與零售製造業，港口與碼頭有明顯的地理屬性，所以往昔港口的服務、管理與創新議題，大都圍繞在港口或碼頭自身的發展。然在當前經濟成長放緩已成常態的大環境下，全球各主要港口無不積極探索轉型或升級方向，企圖擺脫港口間的同質化（Homogenization）競爭，並建構差異化（Differentiation/Differentiation）的價值主張與競爭優勢。

　　近二、三十年來，由於科技的精進使得許多傳統海運上的「不可能」變成「可能」，如無人化的全自動港口設施，已陸續在全球幾個港口順利運作，而且效率甚高，最具代表性的「貨櫃裝卸無人化」作業系統，就屬最早運作的荷蘭鹿特丹 ECT Delta Terminal 碼頭，至後來的臺北港貨櫃碼頭，以及上海洋山港第四期貨櫃碼頭皆是。

　　基本上，傳統行業欲創新改造，最直接且最有效的方式是引入外部的創新思維與力量。因此港口借助數位化（Digitalize）新技術，實現開放共享、高度互聯，以建構數據化和智能化的生態體系絕對是未來趨勢，而此龐大工程當然需要政府、業者與創新團隊的密切合作。

　　關於創新，哈佛大學教授 Henry Chesbrough 在 2003 年提出「開

放式創新」（Open innovation）的概念，即主張公司利用外部思維進行創新，拓展科技，或與合作夥伴一起創新，分享風險與盈利。在實務運用上，即企業有計畫地利用知識的吸收與散播，加速在市場上的創新。而港口作為貿易門戶，擁有深厚的數據累積、廣闊的關係網路與可觀的物流價值，在開放式創新方面將大有作為。

綜觀以上，現代港口轉型或升級的方向不外：

1. 從智能化（Intellectualized）營運出發；如新加坡港口的「2030戰略」（NGP 2030 programme）（NGP; Next Generation Port by 2030），就提出高效率、智能化、安全與綠色四大發展方向，以智能化的操作與營運來展現智慧港口；

2. 從腹地智慧物流運輸出發；如鹿特丹港持續加強與其腹地間的運輸網路優勢，建構互聯的資訊平台 Portbase (Community) System（請參閱下列附註），整合相關港口服務，為物流鏈中的各相關業者提供「物流及相關應用的一站式超市」。又如澳大利亞的「國家港口戰略（NPS）」、上海港的「長江戰略」亦都突顯出港口管理人已從更長遠與宏觀的角度，積極地在港口的腹地展開相關投資與創新活動，其中又以運輸網路的基礎設施建設為主軸。

3. 從智慧港口與智慧城市共同發展的角度出發；如德國漢堡港位於城市中心位置，對城市經濟、社會與生態環境有重要影響。作為智慧城市的一部分，港口針對當地重要水系易北河制定了潮汐能量利用與疏濬方案，在港口周圍建設節能、安全的智慧道路（iRoadSafe），並積極發展減少排污、創新型基礎設施建設等措施。顯然敦親睦鄰營造友善環境是新一代港口在管理上不容忽視

的重要課題。

鹿特丹港經驗 Port Community System：鹿特丹港有數百家公司齊聚一起工作，所以能夠儘可能有效率地快速地且安全地將貨物自 A 地運至 B 地

The port of Rotterdam is a place where hundreds of parties come together and work together to get goods from A to B as efficiently, quickly and safely as possible. This means everything must run like clockwork. In Rotterdam, coordination and the exchange of information take place efficiently and easily via the Port Community System (PCS) of Portbase.

港口可提供物流鏈中各環節超過 40 種不同的服務。

Through the Port Community System, Portbase offers over 40 different services for all the links in the logistics chain. Previously, companies had to organise matters such as pre-reporting a vessel, the status of a shipment, export documentation, loading/unloading papers or communication separately and by e-mail, fax or telephone. Thanks to the Port Community System, those days are over. Everything is now merged into a single system. This results in increased efficiency, lower planning costs, better and transparent planning, faster handling and fewer errors.

　　長期以來，由於政府資源投入、鉅額投資、較長的建設與獲利回收週期、相對複雜的經營管理等因素，使得「港口（場站）營運」產業具有較高的進入壁壘（Barriers to entry）。亦即潛在進入企業和新企業，若與既存企業競爭可能遇到的種種不利因素。當然進入壁壘具有保護產業內既有企業的作用，也是潛在進入者成為現實進入者時必須先剋服的困難。但是時代在變化，特別是資訊與通訊科技（Information and communication technology; ICT）產業技術的廣泛創新和應用，讓港口競爭力有了新支點。推動 ICT 產業之主要目的係指企業產品（含貨品及服務），必須使資訊的處理與傳播，可透過電子工具（包含傳送與顯示）來達成。我國 ICT 產業範圍包括：電子零組件製造業、電腦、電子產品及光學製品製造業、電信業及資訊業等四類。至於數位化技術和開放式創新等新潮流的出現，對現有競爭布局中的參與者既是機會也是挑戰，而最為關鍵的是，「港口（場站）營運人」如何將新事物胃納與採用，以建構新的競爭優勢。

　　近年來「智慧」（Intelligence）一詞常出現各專業領域，港口當然也不例外。毫無疑問的，產業升級是市場供給方必須不斷改革與創新背景下之必然趨勢。因此，在海運的領域中，「智慧港口」（Intelligent Port）是時代賦予港口產業的一次重要機遇。在當前科技潮流下，一個港口能否以創新求變的執著，以包容異見的心態，以互聯網路與平台經濟的理念，重新詮釋港口的定位與經營模式，絕對是實現港口轉型發展的關鍵。在新的「智慧」轉型潮流下，港口的戰略焦點將從控制資源轉為有效管理資源，從最佳化的內部流程轉向外部互動，從加值客戶轉為將港口生態系統價值最大化。

「智慧港口」並非新話題，目前世界各先進港口都已積極探索下一代港口的轉變，包括漢堡、鹿特丹、新加坡、杜拜、上海港等，無不從「線」上的競爭轉向到「網路」的競爭，此一轉變雖增添複雜度，但確也促使港口營運更為有效化。

基本上，智慧港口的發展目標主要包括下列三項：

1. 建立便捷、安全、低成本的貨物集、散與運輸體系；
2. 形成緊密合作的海運物流生態圈，提升加值服務比例；
3. 實現安全可靠、綠色生態、可永續發展的港口。

很顯然地，智慧港口的價值主張包括提昇海運物流鏈效率、降低貿易成本和增強港口作業可靠性。

另一方面，智慧港口應是一個企求「3E」主張的港口，即在港口營運上「卓越」（Excel）、在生態圈構建上保持「開放」（Extend）、在永續的創新業務上積極「拓展」（Explore）。特分述如下：

1. **「卓越」**（Excel）：指進一步提升營運效率。利用自動化及智能化設備，實現更高的營運效率，使自身的優勢強而更強，優而再優。

2. **「開放」**（Extend）：延伸港口的服務範圍，不再局限於傳統港口的「貨物裝卸」，改變原本封閉的運作模式，轉向與供應鏈上、下游各方進行協調和合作，徹底打通物流運輸的海陸節點，為貨主、物流公司及航運聯盟提供更具價值的優質服務。

3. **「拓展」**（Explore）：指拓展業務範圍。即充分利用港口位處供應鏈中心的先天優勢，通過對各方面資訊的收集、分析與整合，洞察產業走向，並開發新的商業模式，確立價值增長點（Growing

point）。

　　必須強調的是，實現智慧港口目標必須具備一套統一的評估體系，將單一計畫的績效與智慧港口的長期戰略目標相結合，並確保任何單一計畫偏離整體策略主軸時可及時被導正。統一的評估體系不僅有助於選擇合適的計畫，還有助於隨時對智慧港口的整體績效進行監測，並與其他港口相互評比。基於未來智慧港口的定位與發展目標，評估智慧港口時必須注意到：

1. **共享經濟的生態圈策略**：生態圈具有共生共榮、自我調節的特點。智慧港口生態圈策略既涵蓋港口本身，也顧及海運物流鏈的整體最佳化策略，可讓資源利用率最大化。

2. **便捷可靠的客戶體驗**：智慧港口重視終端貨主與物流鏈參與各方的服務體驗，並從終端貨主的角度出發，加強與眾多利益相關方的合作，推動貿易便利化，為各方提供便捷可靠的服務。在資訊交換方式上應更方便，可及時攫取必要的資訊與服務；在資訊提供上更加及時、透明，使得終端貨主能夠對物流進行全程作即時追蹤。

3. **穩定的智慧化營運**：智慧港口通過數位化、自動化技術，提升碼頭作業能力，推動託運人（貨主）、貨物（承攬）代理、運輸公司、運送人（船公司）、港口場站間有效的資訊交換與合作，以確保整體營運水平，並改善資訊不透明狀況。

4. **開放式的業務創新**：未來智慧港口具備較強的創新認知與創新運用能力，進而在企業內部培養創新意識和開放意識，以便為參與各方營造開放創新的環境。

　　眾所周知，港口營運一旦遇有自動化不夠普及、資產設備和人力利用率低、資訊阻礙、結構性人力短缺或斷層等問題勢必影響港口的營運。考慮到未來少子化造成的人力成本上升、生理原因導致的疏失率與服務不穩定性，以及當前社會對安全作業與環保議題的關注不斷提升等問題，實施港口自動化、智能化已是必然趨勢。有先見的港口營運人當然會通過投資基礎設施進一步最佳化和提升自動化生產力，以獲得競爭優勢，同時也在加強與物流生態系統的整合，以提升差異化能力。其中，碼頭自動化和智能化是港口最直接也是最為重要的管理措施。將碼頭與（貨載）堆積場之間的運輸、堆積場內的作業、碼頭閘口的進出管制等過程實施自動化、智能化運作，保證碼頭高效能營運的前提下，才能避免物流鏈環節遭遇流通瓶頸。

6.5 政府在推動智慧港口過程中的應有作為

　　姑不論港口經營採行的模式，港口作為地域性的貿易門戶，關係到當地的經濟繁榮，政府當應積極推動互連互通的資訊化平台建設，以及港口網路的建設，包括智慧港口之間的合作，以及港口與內陸重要物流節點的複合運送網路建設。

　　智慧港口的建設，是自上而下與自下而上相結合的過程；自上而下過程需要政府引導，自下而上的過程則需企業積極參與。基本上，政府需要從三方面促進智慧港口的建設：

1. 政策引導：推動識別阻礙內陸運輸網路最佳化的關鍵壁壘。即識

別阻礙內陸運輸網路的關鍵事項，並依據潛在價值進行優先排序，且與相關各方達成共識。

2. 營造公開透明的投資環境：對改進計畫的價值進行量化分析，滿足潛在投資者和利益相關各方的需求，同時允許民營部門投資和公平競爭，以保證基礎設施的工程品質。

3. 推動統一的數據資訊平台建設，引導不同資訊管理部門的合作，打通包括碼頭、船公司、船務代理業、貨物（承攬）代理業、海關、運輸服務商等物流參與各方間的資訊壁壘，以提升物流效率，並為後續開放式創新奠定資訊化基礎。

事實上，政府各部門間的協調與互動，對建設智慧港口也極為重要，包括海關、檢疫、移民署、海巡、航港局等部門。此外，「單一窗口」統籌作業早已是政府部門提升效率的良方，而藉助標準化格式和自動化傳輸流程，更可大幅減少部門間的重複作業。

至於智慧港口的建設程度，不同港口有不同的環境背景與經營目標，故而應選擇符合實際情況的發展策略，也就是港口需結合自身既有條件和競爭環境選擇合適的定位。必須強調的是，不同港口企業的既有環境背景與面臨的挑戰不同，切勿陷入盲目跟進「為智慧化而智慧化」的迷思，以免毀掉既有系統，新建系統又不適用，進而使港口陷入營運不順的窘況。

6.6 灣區經濟概念

　　指圍繞沿海口岸分布的眾多海港和城鎮所構成的港口群（Port cluster）和城鎮群，是為灣區（The bay area），由此衍生的經濟效應被稱為「灣區經濟」。灣區經濟是現今全球最重要的濱海經濟型態，也是當今國際經濟版圖的突出亮點，更是世界一流濱海城市的顯著標誌。目前灣區，靠著群聚港群功能區隔的乘數效應，已成為帶動全球經濟發展的重要增長和引領技術變革的領頭羊，依世界銀行的數據顯示，全球 60% 的經濟總量集中在各沿海國的入海口區域。國際一流灣區如紐約灣區、舊金山灣區、東京灣區等都是以開放性、創新性、宜居性和國際化為其最重要特徵，成功塑造了獨樹一格的區域經濟模式。

　　中國大陸從 2016 年力捧杭州灣區，到 2017 年定調粵港澳灣區，讓灣區經濟儼然成為中國下一波經濟轉型的重中之重。「粵港澳大灣區」包括廣東省珠三角洲九個城市和香港、澳門兩個特別行政區，面積約五平方公里，人口超過六千六百萬。是大陸目前為止開放程度最高、經濟活力最強的區域之一。粵港澳灣區將搭配杭州灣區的創新產業聚落，在貿易自由化的前提下，將經濟實力向外輻射，進而成為中國「一帶一路」倡議的重要樞紐。

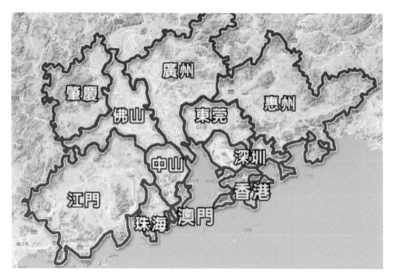

圖 6.6　中國 2017 年規劃的粵港澳灣區

第七章　港埠貨物裝卸

7.1 港埠裝卸作業

談及運輸業，時下暢行的「物流業」常被視爲此一產業的新興核心項目。「物流」（Logistics；ぶつりゅう）一詞實係「物品流通」（PD; Physical distribution；ぶってきりゅうつう）的略稱，是指物品從供應地向接受地的實體流動過程。

亦即承運人（物流公司）克服時間與空間的限制條件，將商品快速地自生產者運送到消費者的運輸業務。

物流（**Logistics**）

Logistics is the entity flow processof the commodity from provide place to the acceptedplace.

物流的主要功能不外乎：運送、配銷、保管、裝卸、包裝、流通加工與物流資訊處理。其中，運送、保管、裝卸、包裝、流通加工，就是所謂的「物流五大功能」。顯然，「裝卸」作業在物流鏈中亦扮演極爲重要的關鍵環節。而本書所探討的「裝卸」則只聚焦於港區內進行的貨物「裝卸」作業，一般統稱爲港埠裝卸作業。

　　港埠裝卸作業係指在港口（區）從事船舶與陸岸間進行的所有
貨物運送，以及連帶發生的「裝、卸」、「集、散」、「搬、運」等
作業。以輸出的貨物為例，從貨主的工廠乃至倉庫，利用卡車運至港
口，在港口卸下，如為臨時暫存就需將貨物搬入倉庫存放，至通關
（結關；Customs clearance）後再搬出裝船。似此，整個過程中就會
產生一連串有關貨物裝船出口的作業需求。此一連串的作業稱為港區
貨物（裝卸）作業。相同的，貨物輸入亦要通過上述過程，只不過將
「裝船」改成「卸船」而已。

　　而港埠裝卸作業作為港口核心機能的作業，如依裝卸作業的過程
與背景狀態又可分成船上（Onboard）、岸際（Shoreside）、及海側
（駁船）（Waterway/Seaside barging）作業三大領域。（參閱圖7.1）。

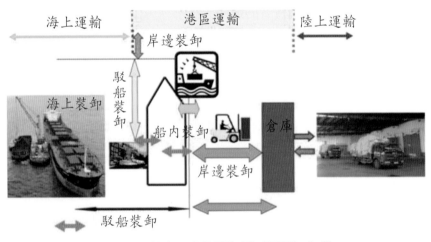

圖 7.1　船上、岸際及海側（駁船）作業

　　上述船舶裝卸貨物作業模式主要依據船舶的停泊處所而定，如

果船舶因船席不足、水深不足或欲節省碼頭泊靠費用而停泊在外海，則需利用駁船或連接管線進行貨物的裝卸，此一模式稱爲「海上裝卸」。如果船舶直接靠在碼頭上，就可直接從陸岸裝卸（接岸荷役：せつがんにやく）貨物，或是由船舶的靠海一側利用駁船裝卸（沖荷役：おきにやく）。此外在倉庫內、碼頭與駁船間、碼頭車輛間所進行的裝卸作業都稱爲岸邊裝卸，此包括倉庫與倉庫間，或是倉庫貨物的運出搬入作業。另依據工人的專業技術背景與勞動場地的不同，可將裝卸作業區分爲船內裝卸（船內荷役）與岸邊裝卸（沿岸荷役）。至於「船內」或「岸邊」的界限，常以船舶的舷牆（Bulwark）作爲船、岸雙方的境界。

　　基本上，「岸邊裝卸」爲一般港口裝卸作業的標準模式，至於「駁船裝卸」模式只適合在河運發達或欠缺碼頭船席的港口，其好處是裝船的貨物可利用吃水（Draft）較淺的駁船直接自位處內河（陸）的工廠（場）的私人（沿岸）碼頭運至停泊於港口內的大船，相同的，卸船的貨物亦可利用吃水較淺的駁船直接運送至位處內河（陸）的工廠（場）的私人（沿岸）碼頭。因此，可以省卻內陸運送的成本，亦可避免陸路交通堵塞的時間延遲。我國目前幾乎不採用此種裝卸模式，除非是因碼頭作業場地受限、或是船上裝卸機具負荷不足致無法從岸側（Shore side）裝卸的超大件或超重貨載（Jumbo/Heavy cargo），就必須使用浮動式吊船（Floating crane）從大船的海側裝卸（Seaside）至駁船（Barge）上，再轉運至目的碼頭或工廠。

　　又若從貨物在裝卸作業中的移動方式來看，則港區的貨物作業可概分成貨物裝卸搬運（Cargo handling）、貨物堆積儲存

（Warehousing）、貨物配送（Distribution）三大領域。

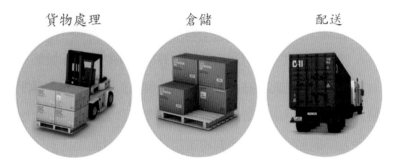

　　貨物處理　　　　　倉儲　　　　　配送

圖 7.2　貨物裝卸搬運、貨物堆積儲存、貨物配送

　　由於港區與船上的環境特殊，加上貨物種類繁雜，因此從事海運貨物（Seaborne shipments）的裝、卸作業必須具備下列條件（Loading and unloading ships requires）：

1. 裝卸機具作業的知識（Knowledge of the operation of loading equipment）；

2. 吊掛與堆積貨物的正確技術（Proper techniques for lifting and stowing cargo）；

3. 處理危險物品的正確方法（Correct handling of hazardous materials, and）；以及

4. 作業人員必須身體強健、經過專業訓練，而且嚴格遵守紀律者（Workers must be physically strong、strict training and be able to follow orders attentively.）。

7.2 貨物裝卸方法

　　貨物裝卸（Loading and unloading）方法依貨物的種類、性質、數量、大小與外型而異：

1. 一般的包裝貨物須要一個一個地處理所以稱爲單一裝卸（Breakbulk load：個品荷役）；

2. 若採將單件貨物集中於墊板（Pallet）或貨櫃的處理方式稱爲單位裝卸（Unit load：ユニット・ロード荷役）；

3. 小麥、礦砂、水泥等貨載多以粉、粒狀型態裝、卸船，所以稱爲散裝裝卸（Bulk load：バラ荷役）；

4. 依有無使用裝卸機具與使用程度分爲人力（傳統）裝卸與機械（革新）裝卸。

　　然無論科技如何進步，海運貨物的裝卸作業顯然都需借助吊掛或輸送機具爲之，此等機具通稱爲裝卸機具（Cargo gear/Tackle）。裝卸機具早期通常由設置於船上的繩（鋼）索（Rope/Wire rope）與滑車（Block）結合而成的組合，利用其產生的機械效益，以吊掛或拉引（Hoisting and pulling）貨物移動（參閱圖7.3）。

　　顯然，爲提高裝卸效率，裝卸作業必須高度仰賴各種省力且適宜的裝卸機具，以及改變貨載的包裝與裝填模式，前者又稱機械裝卸（參閱圖7.5、7.6、7.7），可分爲輸送帶（Conveyor）裝卸、堆高機（Forklift）裝卸、吊車（Crane）裝卸。後者就屬單位化（Unitization）包裝，最常見的就屬貨載的墊板化（Palletized）。即將形狀體積一

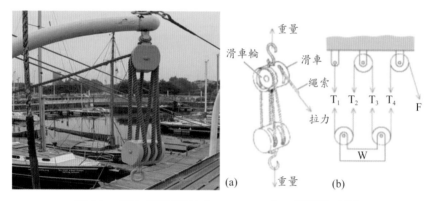

圖 7.3　船上各種滑車（Cargo block）（轆轤）組合

圖 7.4　將轆轤結構具體化的貨物吊桿（Cargo derrick）

致的散件貨採行墊板化運送，以獲致裝卸迅速、方便、防竊、通風
（Speedy; Convenient; Thief-free; Ventilate）的優點，若再覆以 PE 包
裝材料，更可達到防水（Water-proof）的效能（參閱圖 7.8）。

圖 7.5　鋼捲裝船

圖 7.6　輸送帶（Conveyor）裝卸

Source: TeleStacker conveyor, www.youtube.com

　　如同後來發展的貨櫃化（Containerize）運送一樣，採行墊板化
運送可改善往昔貨載在裝卸過程中易遭受破損（Breakage）、毀損

（Damage）、濕損（Wet damage）、數量短減（Shortage）、費時
（Time-consuming）、耗力（Laboursome）等缺失。

圖 7.7　堆高機作業

圖 7.8　省時、易計數的墊板（貨）裝卸（Palletized cargo）

7.3 裝卸技術的革新

隨著海上運輸技術的革新，除了前述船上的裝卸機具（Ship-
based gear）大幅改善外，最常見的就是將傳統貨船上操作複雜且危
險性極高的貨物吊桿（Cargo derrick），改換成操作容易可供 360° 迴

轉與俯仰操作的吊車（Electric wire-luffing ship cargo crane）（參閱圖
7.9、7.10）。

圖 7.9　　船上配置 360° 迴轉（俯仰）式吊桿

圖 7.10　　自備吊桿船

　　另一方面，相對於船舶設計的更新與航運經營理念的改變，港口
管理機關為提升服務品質與港口裝卸效率，並考量航商為降低營運成

本，新造的專用船舶船上通常不配置裝卸機具的趨勢，紛紛在專用貨物碼頭添置高效能的岸基裝卸機具（Shore based gear）。亦即岸際端的港埠裝卸作業亦明顯朝機械化、省（人）力化前進。特別爲了應付各種大型專用船，除了建立具備生產、流通的專用碼頭或是針對特定貨物的專門碼頭外，更配置各種專門的岸基裝卸機具。如散裝船碼頭的眞空裝（吸）穀機（Bulk material loaders and unloaders）、貨櫃碼頭的橋式機（Container gantry crane）等高度機械化的裝卸方式，此等趨勢使得港埠裝卸作業產生質變。而受惠於此等革新裝卸的貨物處理量約占全球船舶裝卸量的 70%，然因爲全世界各沿海國的經濟發展程度不一，約有 30% 的港口仍需依賴傳統方式進行裝卸，此意味著配置船基裝卸設備（Ship based gear）的船舶仍有一定程度的市占率（Market share）。

圖 7.11　岸基式散裝船裝（吸）穀機

圖 7.12　散裝船利用抓斗（Grab）裝卸穀類

圖 7.13　貨櫃橋式起重機（Gantry crane）

7.4 碼頭工人

　　如同前述，不同船種、船型、貨載都有不同的裝卸方法，因此必須由專業的作業人員負責船舶的裝、卸貨作業，此等專業人員一般被稱為「碼頭工人」（Stevedore、Dockworker、Docker、Dock laborer、Longshoreman）。狹義的「碼頭工人」指在港區的船、岸之間利用人

力或機械搬運貨物之人。廣義的「碼頭工人」則指所有在碼頭從事船舶貨物裝卸、搬運、堆積、儲存等相關工作的人。

「碼頭工人」一詞源自葡萄牙文（Estivador）與西班牙文（estibador），經由船員的使用引入英語。意指「將貨載裝上船舶並堆積的人」（A man who loads ships and stows cargo）。西班牙文原指「裝填（貨物）的人」（A man who stuffs）。

各國碼頭工人雖工作性質接近，但稱謂卻有所不同，如在英國稱爲 Docker；澳洲則稱 Docker 或 Wharfies（A person who works at a wharf）；美、加地區則稱 Longshoreman，此字彙源自「Man-along-the-shore」，意指在岸邊工作的人。至於我國在往昔職業歧視普遍存在的環境下，無論清末民初在中國大陸，或是被日本殖民統治的臺灣，都輕蔑的稱碼頭工人爲「苦力」（Coolie），其原意係指從事勞動工作，以及付出勞力維生的廉價勞工，工作性質大多在碼頭負責貨物裝卸與建築工地的搬運工作，完全忽略工人在其專業領域奉獻的匠人技術。不容否認的，碼頭工人爲確保工作平順都是以團隊方式作業，因此從事此種工作都會因襲許多負面職場文化，如聚賭、酗酒與口出穢言（Salty language）等，結果常帶來外界負面的觀感與評價。但必須強調的是，碼頭工人在世界上許多地方的勞工運動中扮演重要角色，其中最著名的當屬波蘭船廠工人帶領的民主革命。

往昔「碼頭工人」、「碼頭苦力」的稱謂，就等同於遭社會歧視的下層人口，對此等爲國家經貿福祉無日無夜辛苦付出的勞工殊不公平。盡管現今包括臺灣在內的國際海運社會已統稱碼頭工人爲「Stevedore」，但因碼頭裝卸公司，與其所屬具備操縱各種貨物裝卸

機具能力的專業人員所操縱的機具，無論跨越船、岸之間的貨櫃橋式機，或是在碼頭岸邊堆積貨櫃的跨載機（Straddle carrier）無不以數千萬元，乃至數億元起跳，因而碼頭工人實質上已不再被稱（視）為「苦力」或是國外的「Dockers」，而是備受尊重的機械設備操縱專家（Expert in handling of equipment），此或可說成碼頭工人社會地位的質變（Qualitative change）。

　　值得強調的是，有別於上述從事船上貨物裝卸的碼頭工人，美國在貨櫃運輸廣泛發展，與大量使用岸上機具之前，特將碼頭工人區分成：

1. **侷限於碼頭上工作的工人**（Longshoremen）：此類碼頭工人（Dockworker）的工作與船舶無直接關係，亦即不直接參與船舶裝卸作業的岸邊相關工作者，如岸基機具的維修、清理岸邊垃圾等工作。成員隸屬國際碼頭與倉庫工會（International Longshore and Warehouse Union; ILWU）；

2. **船舶裝卸工人**（Stevedores）：指隸屬（裝卸）工會（Trade Union），且在船上與岸際工作，負責操作船上或岸基裝卸機具，以及搬運、移動貨物者。

　　直至今日，此一依據與船舶有無直接關係的工作性質區分的碼頭工人類別依舊持續著。

　　值得一提的是，上述的 ILWU 亦加盟國際運輸工人聯盟（International Transport Workers' Federation; ITF）；ITF 起初即由英國的碼頭工作者所成立，進而發展成此等工會與聯盟之國際整合組織。全世界任何「運輸產業中獨立的工會」均有權利加入該聯盟。可

見加入聯盟的工會以具備「運輸」背景爲主要條件，目前加入 ITF 的工會或聯盟共有 648 個，分布於 148 個國家，約 450 萬人，含括了海陸空等產業之工作者。該聯盟的主要目標爲：

1. 提升對工會以及國際人權的重視；
2. 確保會員工人在社會正義與經濟進步的基礎，以及和平的前提下工作；
3. 幫助會員工會保護其會員；
4. 提供研究與資訊給工會會員；
5. 當運輸工作者遭遇困難時，提供一般的協助。

　　由於 ITF 明確地以保護勞方爲主要訴求，因而只要運輸勞工提出告發，聯盟即會派員介入調查，通常資方在不勝其擾之下都會退縮妥協，故而 ITF 對資方而言，有如督促資方嚴格依法遵循勞工福利規章的外在督促者，也因此在極權國家都不允許 ITF 存在，國內目前只有中華海員工會加入 ITF 聯盟。

Stevedore：涉及貨物作業的職業，即將貨物裝至船上，或因船上將貨卸下。特別指在「船上」的作業的碼頭工人。

　　It is an occupation which involves the cargo operations i.e. loading and unloading of cargoes on ships. It also includes the other various dockside functions.

　　A person whose job is to load and unload ships at a port; is a waterfront manual laborer who is involved in loading and unloading ships.

Longshoreman：（岸上的）碼頭工人的工作主要在「岸上」負責各種貨物裝卸與運送作業，但不包含在船上的相關作業

What jobs does "longshoreman" include? These sorts of men also "work along the shore"; a man who mends waterfront machinery; The man who cleans up rubbish along the waterfront;

　　至於碼頭工人組織，全球港口各不相同，有由碼頭工人組成的工會，如臺灣早期各商港的「碼頭工會」即是，亦有由民間企業出資，並雇用碼頭工人成立的「裝卸公司」。由於臺灣早期各港僅有一家「碼頭工會」專攬港區貨物裝卸作業，因具獨占壟斷性質，服務品質與配合度常為各方詬病，每成為港口競爭力不足的主因。故政府於民國86年完成國際商港棧埠裝卸作業民營化與碼頭工人僱用制度合理化案，解散既有的「碼頭工會」，開放民間企業參與。故而當前臺灣與先進海運國家一樣，採一港多家「裝卸公司」的模式公平競爭，進而提供費率合理且優質的裝卸服務。而此等「裝卸公司」一般統稱為（Stevedoring company/firm）。

　　此外，港埠裝卸業務自古以來就是依賴經驗與人海戰術進行的，由貿易商及海運業者掌握主導權，晚近隨著機械化、資訊化以及貨櫃化等發展，使得海運的運作亦產生變化，因此保有高度專門性的港口遂質變成整體運輸鏈的介面（據點），並發揮中間物流事業者的機能與角色。因此最近每有港口相關業者摒棄業務範圍受限的「碼頭

裝卸業」，改以營業項目多元的「港灣物流業」自居。不容否認的，儘管當前的旅客運送仍以航空為主，但海上運輸挾其量大成本低的優勢，仍占有大半的物流市場，尤其像臺灣這樣的島國，傳統上以海運為重心的思維更形重要。最近興起的國際複合運送，就是將陸、海、空運視為一體，進而發展多元的國際物流模式。

　　近年來，碼頭工人組織，不論其採工會模式，或公司組織模式，基於勞工保護意識日趨高漲，碼頭工人都會依法成立職業工會，而且幾乎所有碼頭工人都是工會成員（Members of trade unions）以確保或爭取合理的報酬（Reasonable remuneration pay），並免於類似以往常態性的不合理超時工作，或置身於危險的狀態下作業。基本上，依據工人進入組織的門檻限制，碼頭工人組織的屬性可概分如下：

1. Closed Shop：指不雇用非特定工會會員的公司，具排他性負面指定性質；即工人必須屬於任一工會的成員；

2. Closed shop with a closed union：只雇用某一特定工會的會員，具專屬性正面指定性質；如某些港口規定當港的碼頭工人務必屬於某特定工會者（Must belong to a specific particular trade union）；

3. Union Shop：工人需屬按資方與工會協定條件雇用工人的工會；

4. Labor Cartel：勞工壟斷聯盟（利益壟斷組織）：藉由通過某些協議或規定，甚至單靠組內部的共識來控制勞務的供給和報酬。成員不對外公開招募，採父退子補、兄歿弟及的繼承模式，此為既有利益團體的常見作為，主因深怕外來或新進者欠缺共進退的共識，進而影響組織的意志貫徹力，喪失組織的議價力與主導力。臺灣早期的「碼頭工會」即屬此項，除了前述凝聚力的考量外，

最主要是因職缺有限，故而採行此近乎「世襲」的招募方式。英國的雇用法（Employment laws）載明，碼頭供人的工作可以是永久雇用（Permanent），亦可是臨時工作（Temporary jobs）。

綜觀上述，碼頭工人的組織除了以工會（Union；日本稱「勞働組合」：ぐみあい）、裝卸公司爲主要架構外，一般在船邊或船上工作的實務編制單位爲「組」（Gang），工作的時間計費單位爲「班」（Shift），工作上的分組一般分成日班與夜班（Day shift/Night shift），夜班工資通常以日班工資爲基礎加成計費。至於現場碼頭工人的領班或現場負責人，一般稱爲「工頭」或「班長」（Foreman: a person, often experienced, who supervises other workmen）。由於裝卸貨作業屬技術性工作，工會通常會依據不同工作難度與貨載性質，指派資歷深淺相當的會員分擔不同工作。工作與工時不同當然薪酬亦有所不同。

較爲特別的是，由於天有不測風雲，船舶在海上航行遭遇的變數甚多，故而船舶抵港時間難以確保準時，但因爲船舶營運成本甚高，所以無人敢於輕率認定船舶不會準時抵達，所以工人都寧信其會準時抵港依計畫開工，以免耽誤。因此全世界碼頭工人組織都設有候工（室）（Stand By）制度。此一制度源自早期西方的碼頭工人基本上都屬無固定雇主的臨時工作者，這些工人每天早上都會到碼頭等候是否有船抵達，尋求當天受雇的機會。因此，目前實務是一旦工人組織依據航商或貨主的請求派工（Dispatch），工人報到後，若因船舶延遲，候工時間亦需列入計費項目。所以一般航商或貨主請求派工之前，都會一再地與船方確認船舶確實的抵港時間，並向港方確認經指

派的船席已確實清空備便，以免因船舶延遲抵達或碼頭船席被佔而無法準時開工，徒增碼頭工人的候工支出。倫敦碼頭工人稱此候工實務為「Standing on the stones」，至於在美國則稱為「Shaping」（被任命、指定之意）。

7.5 碼頭裝卸業在海運業的角色

眾所周知，船東與航商主要是靠船舶川航各港間，載運貨物或旅客以獲利。一旦船舶靠岸時間不合理的延長就會增添船東的成本，因此必須要求港口與碼頭盡量縮短船舶滯港與作業時間（To minimize port time），盡速將船送出港（Get the ship back on its journey as soon as possible）。相對於此，港口對於旅客、貨物運送的經濟勞動除了可提升港口運送本身的經濟價值外，另有二項主要目的：

1. 貨物進出港口的作業效率化，即盡可能讓該等貨物的資本週轉迅速化，進而增加貨物的再生產條件；
2. 港口流通的順暢使得進出港口貨物的市場範圍（腹地）再擴大，進而擴大該等貨物的生產規模。

處此背景下，碼頭裝卸公司與碼頭工人就扮演非常重要的角色，常常是決定航商在整個航程獲利與否，乃至獲利多寡的重要因素。可見碼頭裝卸業的首要功能就是全力支持船舶順利地進、出港，並依據船舶型態提供到港船舶安全、確實、迅速的裝卸作業服務。此外，如果抵港船舶因海上航程中的各種因素發生延遲，航商通常

只有求助碼頭工人的技術補救（Pick up the slack）或增加工人班數（Gangs）趕工，提早完工出港。以便讓船舶追上既定的船期（Fixed schedule）。

另從技術層面觀之，碼頭工人可以被視為陸、岸運輸間的「介面」（Interface）穩定劑，因為無論貨物裝卸速度（Speed of cargo handling）或是船舶航程的效率（Efficiency of the voyage）都取決於碼頭工人的技術與態度。例如，貨物裝船順序未依既定的裝船計畫（Stowage plan）進行，導致發生積載上的順序錯誤（In the wrong order），則在其抵達最終目的港（Final port）前可能要進行「翻艙」（Shifting cargo）作業，亦即某港要卸船的貨物被次一港口的貨物壓在下方，非將壓在上方的次港貨物移開，無法進行貨物卸船作業，因此下一港口的貨物要發生兩次裝卸作業（Double handling），並衍生額外費用與耗費時間。此一狀況在船舶裝卸實務上屬重大疏失，應極力避免。

長久以來，碼頭工人的議題一直是研究港埠管理的重要領域，因其幾乎可主宰港口的成效與評價，故而我們對碼頭工人與其工作背景應有相當程度的了解。一般碼頭工人的工作環境（The working environment）具有下列特質：

1. 工作時段與時間（長短）不穩定；依船舶抵港時間準確性、貨載裝卸難易度、天候狀況而定；
2. 時常需要待命候工；海上變數多，常影響船期準確性；
3. 無例假日或周末；基於船東的成本考量，港口作業採全年無休，「船到開工」的作業模式，與陸上一般職場作息不同；

4. 危險性高；不論是黑夜、強風、暴雨、酷暑或嚴寒，都需在戶外與高處作業；常需攀高蹲爬，日夜趕工；

5. 目前全球職場仍是男多於女，但是此一組織架構已在改變；拜機器化、自動化之所賜，耗能性作業漸少，故而女性從業人員日趨增加。

其次，碼頭工人的工作性質與活動（Job description and activities），依船舶型類或貨物種類而定。但基本特質如下：

1. **具備高度的服從性**：船上工作環境複雜危險，務必強調工人的紀律，始能避免工安與貨損事件的發生；

2. **高度耗體能性工作**（Physical tasks）：將貨物搬進、出船艙，旅客行李搬上拖車，固定貨櫃等；而為配合船方追趕船期的要求，常要延長工作時間；

3. **需要具備駕駛各種車輛的技能**（Capabilities of driving vehicles）：包括聯結車、堆高機或電動車，甚至農耕機、軍用坦克車等特殊車輛的裝、卸船；

4. **不同裝卸機具的操作能力**（Capabilities of operating various cargo equipment）：某些船舶使用傳統吊桿、有些則使用高技術性設備，包括橋式機、吊車或管線。工人只要登輪就需在最短時間內熟悉裝卸機具進行裝卸作業。

第 3、4 項顯然涉及工人的職前與在職教育，這也是經營港區貨物裝卸業最難之所在，究竟人才儲備與訓練皆需投入相當成本。早期港務局時代，基隆港務局就曾設有「基港裝卸學校」，招考初中畢業生，施予職場分類專業訓練，如堆高機駕駛、倉庫管理員等，畢業後

即派入碼頭任職，此一專業人力教育管道，確實爲當時繁忙的港務運作提供素質穩定的人力資源，可惜隨著港務局的組織改造而廢校，國內目前各職校均無類此科別教導碼頭裝卸相關專業。

　　另一方面，除了前述高度耗能的勞動特質外，從勞安角度來看，港口管理方最爲關心的應是碼頭工人的職場安全。基本上，碼頭工人的工作危險性（Dangerous about stevedores）大多是來自下列：

1. 不安全的工作系統設計（Unsafe work systems design）；

2. 不充分的安全管理（Inadequate safety management）；

3. 作業上的干擾（Operational disturbances）；

4. 不充分的警報系統（Deficient warning systems）；

5. 工人高估自身的體能（Worker overestimation of physical capacity）；

6. 工人低估負荷的重量（Underestimation of weights of loads）；

7. 作業手冊或機器屬具的欠缺、不足或不當使用（Lack, inadequacy, and incorrect use of manual or mechanical accessories）；

8. 工作場域不足（Inadequate surfaces）；

9. 長時間的高負荷工作（Continuous contact of workers with loads）；

10.貨載的不規則形狀，如箱子、板條箱、袋子、捆綁貨（Irregular forms such as boxes, crates, sacks, and bundles）；

11.貨物出產地的包裝不良（Poor packaging at the point of origin）；

12.疏於提供或使用人體保護措施（Failure to provide or use personal protection）；

13.工人即興式的不安全動作（Improvised（即興的）unsafe acts）；

14.不正確的吊掛（Incorrect lifting）；

15.在懸掛（重）物下方作業（Handling of materials under suspended loads）；

16.使用破損容器（Use of damaged receptor containers）。

　　以上雖有部分原因係源自工人本身疏失所致，但大多是管理或督導上的缺失所造成的，是故作為港口或碼頭管理者最應關切並極力防範者，就是落實職場督導。

7.6 貨物裝卸實務

　　傳統上，船舶於裝貨港裝載完成後，都會由理貨人員（Talley）與船公司的駐埠船長（Port captain）根據貨物實際裝船狀況製作「裝（卸）貨圖」（Stowage plan）（參閱圖 7.14）。圖中使用不同色筆或代號標誌標出各筆貨物的位置、數量、卸貨港等資料。船方抵達目

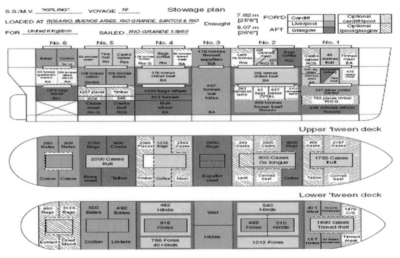

圖 7.14　傳統貨船之裝貨計畫圖（Stowage plan）

的港後再依據此「裝（卸）貨圖」逐港卸貨。當然此「裝（卸）貨圖」亦會預早提出告知卸貨港的船務代理商與專屬裝卸公司，以便事先準備相關卸貨事宜並派遣碼頭工人。

Stowage plan：貨物積栽圖或裝卸貨圖

A completed stowage diagram showing what materiel has been loaded and its stowage location in each hold, between-deck compartment, or other space in a ship, including deck space. Each port of discharge is indicated by colors or other appropriate means.

然而自六○年代貨櫃船投入市場以來，海上運輸模式產生巨變，幾乎全球海上運輸量的 70%，改採貨櫃化（Containerize）運輸。貨櫃裝卸模式是以貨櫃與橋式機等專用機械，取代了傳統上在貨艙內與岸邊工作的碼頭工人，因而高度倚賴具備專業機具操作技能的工人。此一趨勢也使得人力（傳統）裝卸領域的裝卸貨量大幅萎縮。

圖 7.15　雜貨船（General cargo ship）貨艙透視圖

　　貨櫃化運輸強調裝卸迅速，以縮短滯港時間，故而一改早期人工化裝卸作業規劃，所有裝卸作業都採電子化前置作業模式，亦即船舶抵港前就備妥裝卸計畫，並將相關資料傳輸至上一港口給船上人員預為核審，以便確認安全無虞。當船舶靠妥碼頭後，工人就迅速依據裝卸計畫圖（Stowage plan/bay plan）裝卸。

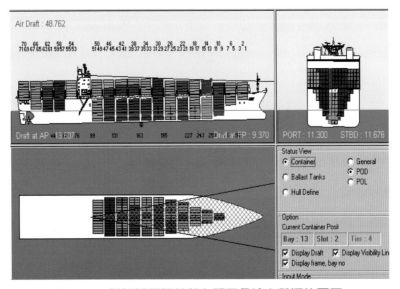

圖 7.16　貨櫃船電腦螢幕上顯示各艙之貨櫃位置圖

　　其實，無論運輸與裝卸模式如何演進，船舶貨載的裝船與卸船作業流程的基本原則大多雷同，茲分述如下：

一、裝船（Loading）業務作業流程

1. 掌握船舶進港動態：預先制作單週或單月船舶動態一覽表；

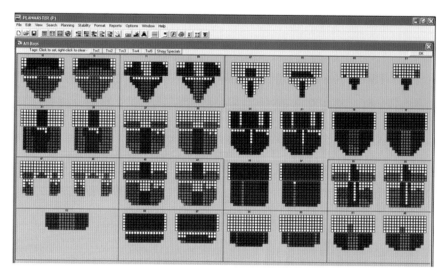

圖 7.17　貨櫃船電腦螢幕上顯示各艙之貨櫃位置圖

2. 確認船舶抵港時間：向船公司或船務代理公司取得定艙（位）
確認（Booking list）：向貨物承攬業（Forwarder）或報關業者
〔Customs Broker、乙仲（おつなか）〕查詢確認已向船公司訂妥
艙位，並取得船公司簽發之裝船單（Shipping order）；

3. 指定負責工頭（碼頭工人的領班：Forman）：向報關業者確認船
舶泊靠（Alongside）時間；

4. 製作裝船貨物一覽表（Cargo summary）：可向船公司取得；

5. 貨物積載圖（Stowage plan）：依據前項資料製作而成的；各艙
裝貨計畫，估算各艙裝貨時間、注意有無特殊貨物，如超重、超
長、危險品等；

6. 決定所需碼頭工人的班數（Gang）：配合作業船的貨量、船期
（Schedule）緊湊與否配置；盡可能讓各貨艙完工時間接近；

7. 安排船邊（Dock side）理貨員（Talley），以便進行欲裝船貨載數量之檢數；

8. 派工（Stevedore dispatch）：正式通知碼頭工人上工時間；

9. 裝貨相關作業確認；船上、岸上的人力、貨量、搬運、機具聯絡與配置；

10. 與船方裝貨實際負責人——大副（Chief mate）——討論相關事宜；

11. 製作裝船貨物作業決算表（Balance sheet）：依據各艙、各班工人完工時間作成，並項船上大副或船方駐埠船長（Port captain），以便決定開船時間；

12. 事故處理：關於人員、貨物或船體的損傷發生；

13. 裝貨作業完畢（Cargo work completed；手仕舞い（てじまい））；向船方確認有無索賠請求（Claim），確認所有碼頭工人已安全離船；

14. 文書作業：含載明碼頭工人貨物作業活動細節的當日作業報表（Daily report）與工作報告（Working report）；

15. 請款（Request payment）：依據前項文書單據，制成請款單依據貿易條件向船方或貨方請款。

二、卸船（Unloading）業務作業流程

1. 船舶進港動態：預先制作單週或單月船舶動態一覽表；

2. 船舶抵港時間確認：向船公司或船務代理公司取得；

3. 指定負責工頭（碼頭工人的領班：Forman）：向報關業者確認船舶泊靠（Alongside）時間；

4. 制作貨物艙單（Cargo manifest）：可向船公司取得提貨單（B/L; Bill of lading）作成；

5. 貨物積載圖（Stowage plan）：依據前項資料製作而成的；

6. 各艙卸貨計畫（Hatch list）：估算各艙卸貨時間、注意有無特殊貨物，如超重、超長、危險品等；

7. 決定所需碼頭工人的班數（Gang）：配合作業船的貨量、船期（Schedule）緊湊與否配置；

8. 安排船邊（Dock side）理貨員（Talley），以便進行欲卸船貨載數量之檢數；

9. 派工（Stevedore dispatch）：正式通知碼頭工人上工時間；

10. 卸貨相關作業確認：船上、岸上的人力、貨量、搬運、機具聯絡與配置、倉庫貨處藏空間（Warehouse or stowage）；

11. 與船方卸貨實際負責人——大副（Chief mate）——論相關事宜；

12. 製作卸船貨物作業決算表（Balance sheet）：依據各艙、各班工人完工時間作成，並項船上大副或船方駐埠船長（Port Captain），以便決定開船時間；

13. 事故處理：關於人員、貨物或船體的損傷發生；

14. 卸貨作業完畢（Cargo work completed）：向船方確認有無索賠請求（Claim），確認所有碼頭工人已安全離船；

15. 文書作業：含載明碼頭工人貨物作業活動細節的 Daily Report 與 Working Report；

16. 請款：依據前項文書單據，制成請款單依據貿易條件向船方或貨方請款。

7.7 貨物毀損與索賠

　　大多數海上運送過程中所發生的貨物毀損（Cargo loss or damage），基本上都可藉由船舶的適當保養與貨載保護措施防範之。但因爲整個貨物運送過程中，涉及裝卸動作、遭遇惡烈天候等人爲疏失與自然外力因素，不同程度與種類的貨物損壞在所難免。依據國際貿易運作實務，如果船舶的貨載遭受損害，並經判定運送人（Carriers）需負責任，運送人就需賠償貨物毀損的相關利益，進而要負擔卸下與善後遭受損壞貨載所衍生的時間與成本損失。

　　最壞的情況是，收貨人（Cargo receivers）可能拒收毀損的貨載，結果更會因協商善後而延誤船期，甚至將損壞貨載留船隨船航行，直至有港口同意卸船或另覓收貨人願意承接始能擺脫夢魘。再者，運送人的商譽更可能會因處理不當而遭受貶損，進而造成嚴重的商業損

圖 7.18　裝卸過程中引發的貨損

失。事實上，無論依據海商法、海上保險或國際貿易規定，都明確要求運送人必須在整個裝貨、航行、卸貨以及送付的過程中要對承運貨物採取最適當的照顧。

　　但如同前述，海上運輸本就帶有「海上冒險」（Marine adventure）本質，因此根本無法確保貨物損害的不會發生，運送人僅能「盡最大努力」（Due diligence）去防止損害。一旦損壞發生只有據實以報，並在交貨單據上註明貨損狀況（Cargo damaged remark），以利後續的保險理賠作業。一般貨損註記不外乎：

1. 數量短缺、包裝損壞（Number of missing and/or damaged packages）；如「Ten cases short」（十箱貨物短缺）；

2. 損壞種類：破損、濡濕、貨品外露（Type of damage：broken, wet, torn contents leaked out）。如 Two cartons/bags（兩箱／袋）：(1) Torn（包裝破裂）；(2) Broken（破損）；(3) Burst（缺口爆裂）；(4) Oil-stained（外箱被油漬沾污）；(5) Wet（被雨淋濕）；(6) Rusty（生鏽）；(7) Drums leaking（圓桶有裂縫）；(8) Chafed/scratched（磨損）；(9) Tape loose（綁帶鬆散）等；

3. 損壞原因（如果知道）（Cause of damage, if known）：如顛倒放置、帆（艙）布破損致濡濕（Package overturned, wet due to torn/damaged tarpaulin etc.）；

4. 署名與日期（Signature and date）。

　　事實上，貨物出口或裝船前，貨主都會依據國際規定，以及貨物的屬性、危險性、易受損害的（Vulnerable）脆弱點與正確處理方法用文字或標誌，提醒運送過程中的相關各方妥為注意與遵循，以降低

貨損機會。（參閱圖 7.18～7.22）

圖 7.19　國際海事組織分類的危險品標籤

圖 7.20　貨物吊掛施力點示意圖

圖 7.21 易碎貨品示意圖

圖 7.22 貨品規格項目示意圖

圖 7.23　貨品禁止倒置示意圖

（日文：天地無用＝てんちむよう＝ This Side up）

　　另一方面，無論裝船或卸船過程中發生貨損，一旦認定係碼頭工人作業疏失所造成者，船方必須蒐集包括相片的相關資料，並發出抗議函或照會函照會碼頭工人要求其對損壞負責（參閱圖 7.24、7.25）；其次，由於國外勞工團體勢力龐大，一旦工人的傷亡與船方有任何聯結，即會要求天文數字的賠償金額，因此如果船舶停港期間發生工人傷亡事件，一定要立即查明原因，並以書面確認責任的有無，以免後續難以處理（參閱圖 7.26、7.27）。

抗議信

LETTER OF PROTEST

M.V.   Voy.
Port

This is to advise you that the following cargo was damaged by rough and/or improper handling by you as stevedores:

B/L No.:
Description of Cargo:
Stowage:
Damaged Condition:

We hereby hold you fully responsible for the damage to the subject cargo and we shall not be responsible for any and all consequences and/or liabilities of any kind whatsoever directly or indirectly arising from or relating to the said damage.

Kindly acknowledge receipt of this letter by signing at the space below.

Yours faithfully,

Master:_____

We hereby confirm receipt of this
letter and accept the above.

Received Only

Stevedore Company:_____

圖 7.24 　船長致碼頭工人抗議函

Date: 07/10/02

To: (Name of Company, responsible for discharging)

LETTER OF PROTEST

I, Captain (NAME), the Master of m.v. "ABILITY", discharging cargo of BULLSHIT at the port of PORTNAME on DATA acting on behalf of the Owners OWNERSNAME and the Charterers IFANY, hereby notify you of the following damages to above cargo found at the time of discharge or after discharge from abovementioned vessel:

- The following damages were caused by the stevedores acting on your behalf:
  _____(description of damages)

  The quantity of cargo affected _____or cannot be determined.

- The following cargo was pilferred_____

  The quantity of cargo affected _____or cannot be determined.

- The cargo was stored ashore, but exposed to _____.

- Other types of damages_____

We reject all liability for the damage/s referred herein and hold you fully responsible for all consequences which may arise.

Yours faithfully

Received Only

SIGNATURE & STAMP

圖 7.25 　船長致碼頭工人抗議函

TO WHOM IT MAY CONCERN　　　　　M/V:
　　　　　　　　　　　　　　　　VOY. NO.:
　　　　　　　　　　　　　　　　PORT:
　　　　　　　　　　　　　　　　DATE:

無傷害證明

NO INJURY REPORT

We the undersigned hereby confirm and certify that no accident occurred and no injury was sustained by any longshoreman and/or any other person of the stevedore company, while this vessel was alongside the berth from 　　　　　　　 to 　　　　　　　 undergoing cargo loading and/or discharge operation.

We hereby certify that the above is true and correct.

Stevedore Company: _____　　Master of M/V _____

圖 7.26　碼頭裝卸公司致船長無人傷亡切結函

TO WHOM IT MAY CONCERN　　　　　M/V:
　　　　　　　　　　　　　　　　VOY. NO.:
　　　　　　　　　　　　　　　　PORT:
　　　　　　　　　　　　　　　　DATE:

自招傷害聲明

ACKNOWLEDGEMENT

I, " 　name　 ", got injured in the " 　part of injured　 " due to " 　reason　 " at TT:MM, DD/MM/YY, at " 　place　 ".

I hereby confirm the accident arose only due to my carelessness and the vessel has no responsibility for the above.

Name:
Stevedore Company:

Signature/Date: _____

圖 7.27　碼頭裝卸公司致船長證明工人受傷係自招發生的

【註】

　　實務上，上述抗議（照會）函中的「Received Only」或「Acknowledge Only」批註，表示信函收受人不承認或同意信函所載內文與主張，僅表示收到信函而已。此乃因涉及理賠責任，當事人雙方用盡各種方法推拖避開責任是可以理解的。

第八章　港埠政策

8.1 國家的港埠政策

　　眾所周知，一個國家的制度設計與政策，乃依其所處的經濟、社會、政治環境及國際情勢，加諸固有歷史因素而定的。從往昔的經驗得知，以他國成功的例子作為借鏡雖是可取的，但若無視本國條件狀況一味模仿恐難竟全功，因而一國的政策制定很少有完全移植他國制度與政策適用成功的先例。相同的，海洋與港埠政策亦同，尤其已開發國家與發展中國家的國力強弱、傳統海權、國際貿易影響力與民生需求迥然不同，因而務必依照本國的既有條件制定合宜的海洋與港埠政策才是可行之道，例如許多新興國家，完全無視本國實際港埠需求與自身財政能力，或資金不足仍向國外舉債大興基礎建設，結果港口建設不是大而不當，就是任其閒置荒廢，因此儘管港口設施具有最先進的水平，但是營運則是一籌莫展。結果造就了各種落成後即閒置（Idled）或廢棄不用的「蚊子（港）建設」。

　　相對於此，亦並非所有新興港口都是閒置或浪費，有些新興港口建設確實發揮了其預期效用，例如中國上海的洋山港，與我國的臺北港即是。尤其新興港口都採用先進工法與設施，故而常取代區域內鄰近港口成為航商的新歡，此使得許多傳統海運國家的港口面臨不進步

就會被邊緣化（Marginalization）的窘況，例如基隆港與洛杉磯港即是。毫無疑問的，一國的港灣政策制定必然亦受此國際環境與潮流的影響。當然前述傳統老港口受固有地形與地理因素的限制，致開發空間有限亦是喪失競爭力的主因。

其次，吾人在探討港埠政策時應體認到港埠管理有如經營跨國企業，它有許多競爭者，故而必須持續追求港口發展與業務績效。再者，港埠政策除了強調提升港口競爭力外，還要兼顧其應有的社會責任（Socially responsible），以及確保國家整體利益的遠大目標。也就是在企業社會責任的道德規範下，港口規劃者與營運人必須負起更多非法定的責任，而確保企業的健全管理（Business integrity management）則是經營者努力的方向與挑戰。因此，港埠管理的基本概念為：

1. 訂定合作行為的期望標準（Desired standard of corporate behavior）；合作行為雖是港口成功經營的常見選項，但仍應堅守公益民生、寧缺勿濫的原則；

2. 堅持與公共政策相結合的概念，即與「政府」施政的理念相融合；

3. 承擔組織或商業群組內各角色間的協調大任（Geiger）。

顯然港埠管理政策不僅需與政府理念凝聚而成的公共政策緊密聯結，更負有協調利益相關各方的使命。事實上，自八○年代起，在中央權力下放趨勢中，陸續出現許多不同的港埠管理方式，但所有支撐這些趨勢與方法的立論基礎皆出自於以更有效率與獲利，進而達到永續經營並以綠色（環保）的方法管理港埠口的期望；當然在執行上仍有許多國家的港埠政策是採新舊機制並行的「邊走邊改」方式進行，

此主要著眼於港口政策的制定與港口管理的改革，一方面要滿足享受既有利益的不同投資者的當下需求，同時還要引進勢必會讓部分相關利益者遭受不平對待的改革（Reform）作為。

　　從政府港埠政策的角度來看，世界各國對於港埠運作的管理模式，可概分為：

1. **公營或民營**（State-owned businesses/Privately owned businesses）：公營指由政府直接或間接控制經營的企業，只受產權關係約束，而不受行政關係管轄，並由擁有所有權的那一級政府全權負責。公營企業無論在已開發國家還是在發展中國家都占有重要地位。反之，除「國有獨資」、「國有控股」外，其他類型的企業只要沒有國有資本，均屬民營企業。

2. **中央集權**（Centralization）：因職權統一於中央政府，政令統一，便於統籌全局，且有足夠的權力調動國家資源，故而在港區興建、變更或拓建過程中，徵收土地較為容易，但在極權國家可能發生橫徵暴歛的爭端。至於採中央集權政策的缺點則為缺少彈性和靈活性，適應外部環境的應變能力差，所以常顧及不到各港的特殊性與個別需求。再者就是在中央集權體制下，地方港口管理機關容易產生依賴思想，且不願承擔責任。

3. **中央與地方共管**（Co-administration of the state and municipal government）：主張權力分享，即透過中央與地方建立合夥關係（Partnership）的機制，改善中央與地方間的垂直、水平互動，進而建立彼此間既合作又競爭的誘因結構（Incentive structure），使其互助關係更為堅實。另一方面，雖政府管理體制上強調權力是

被賦予的，因此施行「共管」的精神顯然是希望賦予地方政府更多的權能，使之能成爲「塑能實體」（Enabling entity），以獲取或融合行動的能力，進而促進中央與地方政府在港口發展上作有效的協力合作關係（李長晏，1999：59-60）。不容否認的，「共管」常會出現雙頭馬車（Dual leadership）相互扞格的窘況。實務上此模式的運作特色爲港口財務體制多採「以收抵支、以港養港」盈虧自負的「利潤中心」方式運作。

4. 地方自治管理（Municipal; Autonomous）：此一港埠管理模式的最大特徵就是以地方公共團體爲母體，作爲港埠管理者進行港灣配備管理與營運。因而港埠行政就是地方自治行政的一部分。似此，港埠經由與當地港灣具有直接利害關係的地方公共團體的參與，就近因應地域上的各種實情進行營運管理，藉此可以誘發地域經濟本身的潛在力（Potentiality），進而提升地域上的整體經濟力。

至於港埠政策的實際演進，從二十世紀末到二十一世紀初，最常見的港埠管理模式與趨勢就是將港口「去中央化」（Decentralization），並質變成「地（業）主型模式」（Landlord model），再藉由此一港口資產所有權的改變，讓轉型後的公共港口機關得以擺脫往昔公部門的行政束縛，積極扮演地主與實質企業團體的角色，同時開放民間公司經營往昔由公部門（如港務局）獨占的相關港埠業務；「地主型」港口管理模式是歐洲工會於 1997 年推薦的，爲引進私部門（Private sector）參與港區業務的最有效模式，也因此風潮讓全世界港口產生管理權「大規模轉移」（Greater devolution）

的資產所有權轉換模式，例如中國的港埠管理演變過程就是從高度中央集權與決策，轉換成合作社化與私人化的策略，也因而創造更多市場導向的管理架構（Market-oriented governance structure），藉以鼓勵國外投資與港口資產所有權的多樣化（Diversification）。另一方面，港口政策改革的目的在藉由去中央集權化的改變，精簡浮濫的公部門單位編制，如中國的港口相關單位即因改革，從 1982 年的 61 個減至 1988 的 29 個，此突顯出其往昔編制過於浮濫或冗員充斥的不合理現象。另外，義大利與希臘亦採此港口改革方式，結果義、希兩國的港口財政，乃至港口營運不僅未見改善反而更趨衰頹，尤其希臘的Piraeus 港甚至淪落到幾乎被中國長期割據買斷的窘況。當然這與兩國外債累累，動輒要求外國金主紓困的整體財政惡化狀況有很大的相關。

　　一般「地主型」模式港口政策成立與運作的主要規範依據為：

1. 特許權（讓利、租界）協議（Concession agreement），指政府轉移營運權（Operating right）給私人企業，並在政府核准與合約規定條件下進行港埠相關活動的合約。

2. 特許權協議允許政府在授權（Devolve responsibility）的同時，得以保持對公共利益（Public interests）的控制與保護，而且可能包含要求受讓人（Concessionaire）對港口建築物或基礎設施保養的認養與捐助。實務上前述的認養與捐助支出常是造成受讓人營運上的沉重負擔，當然這就是取得「特許」的代價。

Devolution

　　權力、財產、官職等的移轉、轉讓之意。

　　至於港口經營權租約，或是「特許權協議」的簽訂，可以經由數種方法授予港埠經營實體，從直接指定到競標都有（Concession agreement can be awarded by several methods ranging from direct appointment, to tendering in a competitive process (Notteboom 2006)）。

　　其實，引用「地主型」模式不一定能確保獲利能力的，例如義大利在 1994 年引進「地主型」模式就是典型的失敗例子，導致在二十一世紀初期較其鄰近港口嚴重喪失競爭力，相對於歐洲鄰近國家，義大利港口的市占從 2003 年的 20.7% 降至 2008 年的 15.7%。該損失有人認為是經營缺乏彈性所致。解決之道，有人認為引進具有較大彈性與反應能力（Greater flexibility and responsiveness）的讓予協議（Concession agreement）即可解決。義大利港口改革政策的例子說明了無論使用哪種特定營運模式或方法，剛開始引進施行時或許會成功一段期間，但當鄰近港口仿效跟進後，因同質性提高至一定程度時，其先前的改革效果就會降低。

　　值得一提的是，同一時期將港口管理模式改採「地主型」模式的西班牙，亦曾引起擔憂改革會對工藝技術的變化（Technological change）產生衝擊，深怕公營港口管理實體沒有業績壓力，只會等著收租不思改進，導致競爭力喪失。事實上，因為港口相關設施與機具愈來愈精進，使得傳統技術效能（Technical efficiency）的影響力愈來

愈小。

　　至於港口資產所有權的「委付」（Devolution）模式可包括許多階段，甚至比私有化（Privatization）具備更廣泛的概念，因為其涉及特許權的讓與、出租，同時也是在港口管理領域中公私部門間分擔責任的另類模式。私有化意味著完全委付給私人公司，反之，商業化（Commercialization）則是讓政府保有某些控制的情況下，允許私人公司介入。

　　毫無疑問的，各國採行港口私有化（Port privatization）政策都有其預期理想目標，然而實際上卻常產生非預期的結果並招致外界批判，例如英國採行的港口私有化政策，被批評為只想釋出公共資產（Offload public assets），而非著眼於提升港口競爭力。反之，義大利版的港口私有化則著眼於港口管理最適化（Optimize port management），至於中國的私有化目標則聚焦於增加港口經營的彈性以回應「長期的無效率」（Long-term inefficiencies）的外界評價。

　　事實上，欲實際度量「成功」與「讓予」、「出租」、「私有化」間的互聯關係或衝擊的難度甚高，更不可能以程式量化；因為有關資訊的輸入常涉及某種程度的政治目的與當下時空情境（Contextualization）的影響。以英國的「讓予」為例，即引起政府資金嚴重損失，而被認為是特定時間的政府（執政黨）對港口受讓人的利益輸送，其目標主要在將公共資產轉變成特定對象受益的民間資產，而非著眼於改善港口獲利的政治算計。

　　另從義大利與西班牙的港口改革案例得知，改革的成敗很難在短時間內呈現出來，所謂成功的改革成果就是確保經過一段時間

後，港口的運作效率與營收可以獲得重大進展。基本上，度量港口效率的常用方法就是以輸入與輸出爲基礎，比較港口營運的績效基準（Performance benchmark）。從經濟學角度來看，度量港口績效的方法就是要以港口的實際處理量（Port's actual throughput）爲基底分別比較，包括：

1. 技術效率（能）（Technical efficiency）；

2. 成本效率（能）（Cost efficiency）；

3. 最佳（貨物／櫃）處理量（Optimum throughput）。

　　其實，港埠管理的改革都是基於對歷史事件或是針對預期的局面（事態）所作的回應。其可以藉由馬可夫鏈分析的過程得到結論。所謂馬可夫鏈（Markov chain）理論的定義是指在隨機過程（Stochastic processes）中，預測變數或系統的未來走向（Future behavior of a variable or system）的統計技術。其特別強調議題的當前狀態或行爲並不取決於其在過去任何時間的狀態或行爲。例如擲幣博筊，不管其上一次出現「人頭」或「拾圓」，其出現人頭的機率是一樣的。也就是局勢的下一過程狀態由當前環境狀態決定，而與從前的狀態無關。此一立論主張認爲港口管理政策的制定，不一定要參酌以往的港口治理經驗。實務上，眼前的許多港口運作常印證以前的許多堅持與作爲，如今看來是沒有必要，甚至是荒謬的。

8.2 港口基礎建設與港埠發展的制度性壁壘

　　眾所周知，全世界港口及其周邊鄰近區域至少經歷了一個世紀的戰爭（兩次世界大戰）、技術變化（Technological change；如貨櫃化及資訊科技化）、政治變化（Political change；如冷戰結束、自由貿易）與全球化（Globalization）等難以想像的危機。毫無疑問的，面對前述大環境的變化，港口勢必調整其營運策略與經營管理，以保持其競爭力，否則難以存續。

　　歷史上，港口與港口作業過程（Port processes）是確保貿易運作順暢的運輸網路中的主要基礎建設元素（Major infrastructure components），故而港口的核心功能（Core functions）為轉運（Transshipment），以及凝聚於此轉運據點的價值附加（Value addition）。如同前述，大環境不斷的變遷，而港口面對此等內、外在環境變遷，一般所採取的因應對策不外是藉由改變其物理（質）上（Physical）與制度上（Institutional）的基礎建設，以及採用新科技來適應之。然而吾人發現許多硬體設施齊備的現代化港口亦常有運作不順、營運欠佳的情形。很顯然的，除了硬體基礎設施外，認清港口的限制、功能障礙與競爭弱勢，進而了解與處理港口面對的「貿易壁壘」（Trade barrier），對於在保持國家與港口的永續競爭力（Sustained competitiveness），與確保施行制度的適應性（Institutional adaptation）與本地化（Localized）是非常重要的。

　　前述的「壁壘」（Barrier）常是阻礙港口發展與決定港口興衰的

主因。依據《重編國語辭典》，「壁壘」一詞，係比喻事物間的對立和界限。至於「貿易壁壘」又稱「貿易障礙」，主要是指一國對外國商品與勞務進口所實行的各種（人為）限制措施。就廣義而言，凡使正常貿易受到阻礙，市場競爭機制作用受到干擾的各種人為措施，均屬貿易壁壘的範疇，如 2018 年 7 月 6 日美國總統川普以公平貿易為由，開始對 340 億美元中國出口至美國的商品（以鋼鐵為主）課徵 25% 關稅，中國則以對美國進口黃豆加徵 25% 進口關稅回應，就是典型的貿易壁壘，更可直言為中、美兩國間的貿易戰爭。然就同具跨國性質的港埠經營的領域而言，影響港口正常營運與發展的壁壘基本上可概分成三種類：

1. **物理或基礎建設壁壘**（Physical or Infrastructure barriers）：物理的壁壘包括地理學及地質學因素、科技（工藝）、土地使用、運輸基礎建設、水與空氣的品質等。而所有這些因素除了土地利用之外，其他大都可利用已存在的科技及知識解決。可見此一壁壘是可以透過資本的投入加以化解或排除的。

2. **管制（規範）壁壘**（Regulatory barriers）：很顯然地，管制的工具就是「制度」，而「制度」可被視為行為指導的社會統治（管轄）架構。例如在港口運輸領域，當我們為確保港口作順暢從而訂定船舶導引、界定港口功能，以及貨物移動等規則的角度來看，它本身就是一個制度。一般可從持久性（短程及長程）（Durability; short term and long term）與正式化（Formality; formal and Informal）兩個層面來區分制度。例如，價值與文化要素（Values and cultural elements）常是持久性或歷久不衰的，故

而傾向於不輕易改變，但它們在本質上經常是非正式的。至於法規（Constitutions）為深層政治、社會文化與社會價值的化身（Embodiment），雖同樣的也會持久，但卻是正式的。

至於慣例（習俗、規矩、約定），諸如許多港埠作業實務，雖未被編纂成法典或規章，但卻是一直被遵守的。反之，法規中明訂（賦予）的自由裁量處理權（Discretion）常是相對容易改變的。以港區土地徵收、變更區域劃分與使用目的核准為例，不同的土地使用規則雖都是正式的制度，但卻常有解釋與適用上的彈性，而且常發生在政黨輪替或政治領袖調動前的較短時間內進行核准變更。當然，更有許多案例顯示出部分被視為不可能變更的規定，卻在選舉時被技術性鬆綁或排除。

3. **市場引起的壁壘**（Market-induced barriers）：由市場的供需引起的壁壘

　　上述三種壁壘，以管制（規範）壁壘最為常見，也就是港口國政府或港口管理機關採行僵硬、不合時宜的制度，無形中限制了港口正常運作致阻礙發展。施行中的制度壁壘，遠較物理與技術上的壁壘難以處理，不像文化特徵與價值一樣，可以隨大環境演進而調整，因此其也常是造成調整或改革過程延遲的主要因素。必須一提的是，處理物理壁壘的技術通常是有效地，因此通常不會被視為延遲調整港埠口系統因應變化狀況的主要原因。可見制度上的限制才應是吾人在探討港口政策與制度最應聚焦之所在，因為其會降緩與阻礙港口因應威脅的競爭力。

　　如同上述，制度（Institutions）為社會統治（支配）架構

（Social rule structures），如法規、章程、價值與文化習慣皆是，此架構有助於社會、經濟與商業處理的保持與調整（Maintenance and adjustment）。毫無疑問的，發展健全完備的（Well developed）制度確實可以降低成本，進而有利於商業與貿易。

　　然而，當制度系統變為過於廣泛繁雜，可能會產生過度或不當的交易成本（規模與範圍的不經濟；Diseconomies of scale and scope），因而妨礙了商業與貿易的發展。可見，競爭力在制度基礎建設的規範下常可持續提升，直至通過某一門檻（Threshold）後，因易受制度內含規則的約束以致限制行動（To constrain action），進而降低競爭力。此一「門檻」就是本節標題所指的「壁壘」。

　　簡單言之，觀念上我們都知道應該確保一個制度上基礎建設的理想水平，但是前提條件是只有當平衡或尋求平衡的狀況存在時始可。一旦港口與其他支持貿易的基礎設施已經持續面臨市場上的重大變化，就必須對制度做持續與重大的調整，並輔以物理（質）基礎建設的調整。

　　另一方面，由於政治情勢變遷導致的全球化、市場大量化與新興市場的開放（例如前蘇聯、中國與印度），皆促使過去的垂直組織架構不得不增加擴充，因為傳統港口在面對深具活力（Viability）、更水平化與更具彈性的網路生產系統時，常顯得過時（Obsolete）與功能欠缺。再者，許多往昔經由海港運送的貨物，愈來愈多改採空運、陸運與高速火車，即運輸過程常常越過港口（Bypass seaports），而且在運輸邏輯上更倚賴當前的先進通訊系統的資訊科技。

　　可以理解的，處於當前通訊聯絡迅速，製造業快速回應市場需

求，以及廠商零庫存的要求（Just-in-time inventory requirements）等貿易特質，當然會降低或排除物流過程對港口倉儲的需求，故而未來港口面臨的競爭是前所未有地。

最令人擔憂的是，二十一世紀的港口面臨了以往從未想像的保安與安全議題。一般言之，由於全球化、結構性經濟、政治變化以及恐怖主義的影響，使得港口在二十世紀末具備的相對優勢（Comparative advantage）面臨再定義的必要性。之所以上述篇幅陳述港口在上一世紀經歷的危機之目的是很重要的，因為沒有遭遇危機，港口就不會產生制度上的變化。

採行策略變化或制度上的變化之主要目的是檢視港口、鄰近區域與其腹地（包括港口及相關要素，諸如企業、土地使用及水路運輸）面對的特定危機，以及在處理它們的過程演進時所呈現出的制度上的動力（Institutional dynamics）。

可見管理港口面臨危機所促成的制度或規範上的調整通常是需要的，因為在任何特定時段的制度上的架構，常可以看成是面對新的對抗（New confrontation）或戰爭的防禦機制。但必須強調，適用於上一個危機的既有策略或制度上的基礎建設對於當前面對的危機常是過時，當然也常會是無效的。故而新的策略與制度或制度上的變化是需要適合變化中的環境（To adapt to changed circumstances），也惟有如此才能因應新危機。

可見適當的制度有助於社會秩序的維持與與促進社會繁榮，然而過度的制度干預，就會成為阻礙發展的「壁壘」，因此最近世界各國常見民眾或產業要求政府對既有的不當制度（法規）進行鬆綁

（Deregulation），以利人民與產業的需求。毫無疑問的，「鬆綁」就是要求管理階層全面或局部放棄管理手段。可以預期的是，過程中管理方常會找出許多說服力不強的理由推拖延遲，因而「鬆綁」過程常要歷經多年。其實，除了國安國防外，政府在很多領域本應鬆綁以減少對民眾與產業的不當限制。舉例言之，臺灣生產的農業機械多年來一直揚名世界，但少有人知道業界有此成就，完全拜事業主管機關相互推諉之賜。因為在我國農業機械產業草創時期，業者欲申請工廠許可登記，經濟部判定農業非其主管業務而不願納管；另一方面，農委會則認為事涉機械亦非農政事務而不願接管，於是農機業者在無主管機關約束，也無管制規範法規的自由環境下，大膽發揮創意終致蓬勃發展，更創造了外銷奇蹟。目前（2018 年）臺灣農機雖品質水平僅達日本產品的 90%，但價格僅約為日本產品售價的 60%，故而許多國家在價格考量下轉向臺灣購買。此一誤打誤撞的例子說明了過度的制度壁壘恐阻礙產業的發展，而合理的放任鬆綁，常會激發業界的進取與開拓的能量。

8.3 港口與危機

如同前述，全世界港口在整個二十世紀持續面臨一連串的危機狀況，先是始於第一次世界大戰，以及之後的第二次世界大戰期間，許多歐洲、日本與北美的港口必須迎合處理大量貨載的需求（Huge capacity demand）。其後，1950 與 1960 年代海上運輸的貨櫃化革命

（Containerization revolution），迫使全球港口必須具備該如何處理貨櫃的技術，以及港口、港埠設施與港區的大幅再投資的嶄新洞察力。

再者，去（非）工業化（Deindustrialization）以及二十世紀末的資訊科技紀元的出現，都對港口曾經取得的大規模垂直整合，以及具附加價值生產業的連結群聚的有力地位帶來威脅。此一階段的港口被界定為工業時代的基礎（Foundations of the industrial age）。

而隨著工業時代的衰退（Waned），港口不再是結合人們、國家與區域、高價值商品與貨物的關鍵節點。港口作為生產場所的相對優勢變弱了，在某些地區，港口的固有功能甚至幾乎完全喪失。因為隨著貨櫃革命的展現，使得二十世紀中期以前，以城市為核心基礎的港口基礎設施，無法滿足海運貨櫃需要廣大的土地做為轉船與儲存使用（Land for transshipment and storage），而變成過時與無法被使用的設施，使得許多規模或幅員較小的老碼頭與場站在過去十餘年陸續面對被淘汰或廢棄的厄運。亦即此一全球沿海國家競造新港的趨勢，雖可為新港區帶來新機會，但同時卻也給相關基礎設施過時的傳統港口帶來危機，因為當位於郊區的新貨櫃港出現後，原本水深較淺與幅員較小的傳統舊港口即較少被利用，甚至被閒置荒廢，如基隆、廈門與福州的舊港都是典型例子。

也因此當今許多老舊的港口基礎設施皆被改設成為親水用途，包括商業與零售功能，如水上活動、休憩遊艇繫泊與靠泊區，以及其他運輸服務相關產業。

另一方面，新關港口對市區與港口周邊地區勢必帶來新的挑戰，因為該等區域必須營造滿足大型貨櫃港需求的功能。這些挑戰依

不同港口而異，包括造橋、修理、複合運送與轉船系統的整合、舊有碼頭拆除與土地使用變更、新興土地使用、港勤拖船、繫泊作業、挖浚或浚深航道以接受更大船舶，進而藉由靠港的超大型船（Mega ship）的規模經濟（Gaining scale economies）降低成本，提升航商與港口競爭力。

新建港口當然要有配套機制，甚至政府提供保護與優惠措施，但基於長程穩定的發展，新建大港不能動輒採用制度上的壁壘，例如關於港口未來的最優先選項與前景分歧（衝突）、財產權、多方利益團體間的衝突、較低的信任與合作水平、公私領域的相互影響、政府部門間的管轄與合作，以及政治衝突等。不容否認的，此等問題就是大多數大型港口的開發計畫所面對的挑戰與危機，嚴重者可能要延遲長達一個世代才能解決。

除了上述傳統港口逐漸衰頹與新建大型商港難以迴避的種種利益衝突外，最令人擔憂的港口危機，就屬港口的重覆與浪費投資。

眾所周知，臺灣港口的興建除了受六○年代經濟起飛激勵的主因之外，加諸民粹政治力的介入，使得沿岸各港因同質性高且相鄰甚近，故而產生一定程度的排擠效應。這一小區域內群港聚集的現象在經濟成長快速的年代，當然有助於國際貿易的進展，反之，一旦進入經濟發展遲緩的年代，就會呈現各港業務衰頹的窘況。因而在歷經經濟高度成長之後，政府就必須建立一合作機制，以避免島內各港口間的不必要競爭（To avoid unnecessary competition within Taiwan's ports）。此一思維在避免重複與不必要的政府支出是非常重要的。主事者如果欠缺以分工明確為基礎的港群（Port cluster）觀念，任由各

港自行其事，將會產生各港都會遭遇相同問題的局面。因為在資源有限的情況下，每一個港口只會盲目的投資本身港口，此將導致各港間的競爭激烈。亦即在欠缺整體規劃下，每一個港口極可能投資或購置相同的設施，進而造成政府財政的負擔（Financial burden）與產能過剩的困擾。以相鄰甚近的基隆港與臺北港為例，當新興港口臺北港從原本規劃僅定位為「東砂北運」的國內港口，幾經變更後終蛻變成遠洋貨櫃大港，使得原本貴為北部貨櫃大港的基隆港就註定要走向落寞一途。最令人遺憾的，臺北港的貨櫃業務並非往國外市場開天闢地，而是有很大部分的貨源搶自基隆港，似此，成就甲港卻毀了乙港的浪費國家有限資源作法實不足取。

再者，若從臺灣沿岸無灣不建港，無處不設堤的濫建情況來看，更證明許多建設是無謂的浪費。我們知道臺灣沿岸除了西部少數幾個天然良港外，餘者莫不因易於淤沙或地形險峻而不適於築港，然近二、三年來，由於民選首長與民意代表礙於選票壓力，或為取悅選民乃競相為各自選區爭取預算築港造堤，使得本島沿岸羅列著數也數不清的大小漁港，而原本極具景緻的美麗海岸更被醜陋的水泥消波塊取代，似此不經審慎規劃地花費巨額公帑濫建港堤，不僅毫無經濟效益可言，更嚴重破壞生態與既有沿岸水文結構。尤其當我們看到沿岸偌大漁港常繫泊著兩三艘小漁船的淒涼景象，與處處堆積如山的消波塊時，更是深為納稅人叫屈。

相信多數國人都會支持政府開埠闢岸以益民生經濟，然而若一味地濫用民意，而不考量經濟效益與環保生態浮濫建港築堤，恐怕無法取得國人諒解，甚至要質疑主政者的思維與能力。因此經建部門今後

應嚴格把關審慎查核，需知擁有再多使用率近於零的港口，對國家並無任何實質意義，何況眼前政府負債累累，民脂民膏焉能不察！

相對於此，某些港口或許效益不彰，因而在政策制定討論過程中，常以欠缺競爭力為由被要求刪減預算或限縮規模。其實，這對某些具區域功能性的港口是不公平的。因為某些傳統老港口的設定位置，一定有其歷史背景與當下社會經濟活動上的需要，如東部的蘇澳港、花蓮港長期營運績效不佳，若從人口密集度與商業活動的角度來看，絕不可能成為商業或轉運大港，故而長久以來一直是備受質疑是否值得政府再投資的港口。然若從公益民生的角度來看，東岸各港確實具有照顧東部居民基本民生需求的功能，因而當有其存在必要。因此在探討港口存廢時，切勿忽略探討港口在國家經濟民生所扮演的角色。

8.4 臺灣港埠管理政策實施政、企分離

2012 年臺灣港口管理政策產生大變革，亦即實施政、企分離政策，期以提升港口競爭力與獲利，讓臺灣港口管理在保持更多的集權化與公益面的同時，獲致去中央集權化與民營化的新價值。

長期以來，交通部在賦予各港港務局（Harbor Bureau）航政監理行政權的同時，又要其肩負港埠經營的商業使命，使得各港務局既要扮演公權力（Public authority）的角色，更要以準政府（Quasi-governmental）的角色負責港口業務管理，故而港務局的角色一直被外

界批評爲裁判兼球員（Players and referees becoming the same guy）。

　　在改革前的組織架構下，「港務局」的合法性（Legitimacy）與公平性（Fairness）常被質疑，而且港口發展受規範環境的複雜性所限制，例如囿於商業壓力的影響，對於依法本應堅持的航政監理事項在執行上偶有妥協傾向。另一方面，由於港務局成員具公務員資格，本質上普遍欠缺積極經商營利的動力，故而對於港口營收盈虧的敏感度較低，亦即欠缺行事彈性與市場變化的反應能力，被認爲阻礙港口發展，進而壓抑著國際競爭力發展的主要因素。

　　簡言之，在 2012 年之前，我國海事主管機關港務局兼掌行政監督與營運（Administrative supervision and operation）權。此表示臺灣的港口機關既是管理者亦是市場玩家（Both regulator and market player.）。因此，爲提升港口競爭力與獲利，以及回應全球政、企分離（Dividing administration and operations）的趨勢，遂於 2012 年 3 月 1 日配合《商港法》修正商港爲「政企分離」的經營體制，決定將港埠業務管理自行政系統分離（Separate business management from the administrative system），即將港務局解散，原有四個港口主管機關合併成二個實體，交通部航港局與臺灣國際港務公司（TIPC）。航港局（Maritime and Port Bureau）是中華民國有關航運與商港事務的最高主管機關，隸屬交通部之下，爲政府組織負責管理海洋與港口相關公共行政；港務公司則爲國營企業（State-run business）負責港口營運管理與發展。

　　至於改革後航港局與港公司的組織架構差異如圖 8.1 所示，即相對於航港局偏重階級式結構（Relatively hierarchical structure），國

營企業港務公司的組織架構則建構於「責任中心」（Responsibility center）原則。至於港務總公司旗下的各不同業務項目的子公司則被期待達到更大的成本高效益（Greater cost effectiveness），以及增加對總獲利率的貢獻，此完全排除港務局時代刻意迴避「興利」的思維，但也因其資本雄厚且屬國營企業的不對等關係，故而常招致民間港埠相關業者批評為「與民爭利」。事實上，港務公司總公司確實提供子公司關鍵的策略計畫、營運有效性、業務、工程 / 設施、資訊管理與法務支持。

　　如同前述，港口改革最主要目的是要讓臺灣港口管理在保持更多的集權化與公益面的同時，獲致去中央集權化與民營化的新價值 不容否認的，人們對於定位於「國營企業」（State-run enterprise）的臺灣港務公司的成立與期許，原本是寄望於：

1. 承擔處理廣泛的港口作業（Comprehensive port operations）；

2. 提高作業效率與熱誠（Enhance operational efficiency and responsiveness）；

3. 提高國際商港形象，並刺激國內區域經濟成長（Raise the international profile of Taiwanese international commercial ports, and spur domestic regional economic growth.）。

　　然而從改革多年後的觀察，研究報告（Po-Hsing Tseng、Nick Pilcher，2016）發現港口改革前後的營運效率並無提升與改善，此意味著港口改革空有民營之實，卻未產生任何創新的價值，亦未達致預期目標。其實，進入二十世紀以後，環顧世界各國，少有國營公司的經營績效是成功亮麗的，尤其極權國家更是如此。其中最讓人詬病就

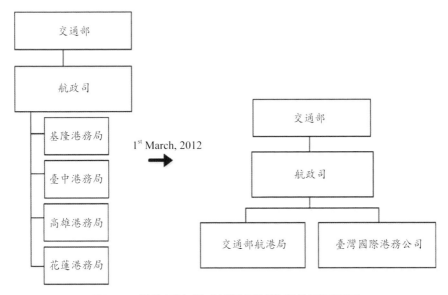

圖 8.1　　港務局改組成航港局與港務公司示意圖

是國營公司的「大鍋飯」文化，直接影響到員工的工作態度（Working attitude），而此正是港口改革所期許的競爭力與效能提升最關鍵的因素。

　　回顧港口政策改革當時，政府猶信誓旦旦地宣稱要藉助往昔港務局的經營經驗，拓展海外港埠經營市場，然多年來可謂是一籌莫展，反而是國內各商港的營運，除了高雄港、臺北港仍業務興盛之外，其他各港亦因國際情勢的演變而連連衰退，尤其自從 2017～2018 年兩岸政治關係緊張以來，各港的經營情勢與獲利更加嚴峻。可見兩岸關係嚴重影響臺灣各港的營運，此不僅凸顯中國沿岸各商港隨著龐大的中國市場繁榮所引發的磁吸效應（Induction effect），吸引全球各主要航商紛紛以中國沿岸各大商港為母港或轉運港，亦即專營主要幹線

的大型船舶只灣靠大陸港口，再以接駁船（Feeder）將貨物量較少的轉口貨運至鄰近二線港口，此不禁令人擔憂臺灣港口已被邊緣化。

其次，在港務局轉化成港務公司的過程中，由於許多資源與資產都由港公司直接撥轉，甚至數百億元新臺幣的職工退休庫存準備金連同改制轉移至港務公司，此作法一度讓外界批評爲「港務局養港務公司」的不當聯想。此等非議足可作爲日後政府單位改制國營企業或公司的警惕。

另外，雖港務公司已被授予在某些領域作決策的自由度，但在其他領域則是被限制的。例如港務公司雖有很大程度的人員招募決策自治權，但因爲國營企業管理規則（Regulation rules）在會計、預算、收支決算以及關於財政有許多限制。因此，目前港務公司雖被定位爲國營（企業），但在營運管理上卻受有限制。

再者，爲使港口管理更簡單與直接易作，改革特將四個港務局精簡成二個單位，實際上卻引進了更多官僚（Bureaucracy）。因爲臺灣雖走向港務公司民營化但仍由公家保持控制，因爲制度上引進了一個管理的太上皇（Extra strata of management），使得任何決策進行之前都要經過准許。此會產生彈性（Flexibility）降低的不良後果（Counterproductive result），結果當然對臺灣港口營運產生負面影響。此亦表示恐要經過一段調整期始能看到臺灣港口改革的成效（Go through an adjustment period before the reform fully takes effect）。

最後，職司港區交通管理與管制，且具絕對公權力屬性的船舶交通管理中心（Vessel Traffic Service Center; VTS），竟在政、企分離規劃下列入具營利事業單位屬性的港務公司轄屬，顯然欠缺執法的基礎

與正當性。

　　值得一提的是，研究報告指出，如果當年不進行港口政企分離改革，港務系統恐因 2011 年金融危機的影響，會使會計帳面呈現更多赤字，此或許是港口政策改革當下唯一的成果。

8.5 港口改革的理論依據

　　從上述政、企分離的港埠改革工程中，我們可將港埠管理的實體——臺灣港務公司——的角色扮演界定為「一群自政府產生，卻又超越政府的機構（公共團體）或行動者」，到「勿需依靠政府的力量或權限去掌控，就可以處理業務的企業」，這一國企實體的轉換過程，對一般民營企業的形成發展而言，絕對是不可思議，但確實發生了，因此，港埠管理與經營可以從許多不同方法去了解與執行。

　　基本上，包括臺灣港口在內的許多國家在施行政企分離改革計畫時，通常會採用「矯飾理論」（Hypocrisy theory），所謂「Hypocrisy」就是「矯飾、偽善、言行相詭、換湯不換藥、能做不能說的學問」之意，幾乎都是負面的評價。傳統上，組織性的矯飾（Organized hypocrisy）——說一套做一套——（Able to say one thing and to do another），可視為道德上的過失（Morally wrong），顯然與固有中華文化嚴重抵觸。

　　但不容否認的，矯飾理論在各種政府機關或國營企業改造過程中卻常被運用，主要是政府在推行租讓政策時，常不得不使用有組織的

「說一套作一套」方法以降低改革阻力，更將「民營化」解釋成追求效率唯一途徑，尤其當政府必須爲這些表面上租讓或轉型的（公營改民營）實體籌措資金，以確保其在改制後能夠存活並發展。故而「矯飾」常被說成是組織的一種能力，當然更是某種程度的集體詐騙共構行爲。

若以港口管理的環境背景作爲解釋，「矯飾」必須存在的理由，就可解釋爲「許多不同的利益關係者需要來自同一組織給予的不同利益，如果這一個組織需要維護不一致的（前後矛盾的）價值或利益，勢必要採取多管齊下，疏導差別待遇的模式處理」。而非將所有利益關係者聯結至行動與結果的必然實現，也就是有求必應利益均霑的鄉愿作法。從負面認知來看，採行「矯飾理論」就是變相鼓勵不同的利益關係方，以各種合法或不道德方法各自努力，爭取優於競爭者的待遇與方便。

一般矯飾理論支持者所提理由不外：

1. 提升營運實體的靈活性（Enhance flexibility）；此主要企求克服或改善組織既有的僵硬運作機制。特別是對於重要條件的不同解釋，允許一個國家去追求一個不同於一般法典所定義的策略，並以此作爲其採取獨特的不同方法的立論基礎，也因此才可劃出適於本國特有情況的港口管理路徑。

2. 企求在保有既有運作模式的同時，能夠穩定地引進新改革 顯然以之作爲港口改革採新舊方法並進的說帖。

3. 可在同一時間處理數個衝突價值（Conflicting values）的方法；一旦欠缺「矯飾」作爲，改革工程恐將被定義爲「狂熱、盲從」，

欠缺妥協與柔性，或對於個人的價值的強烈指責。

如同中國港口政策改革的情形一樣，就是採用矯飾理論作為港口管理的方法，其目標在於增加彈性以克服「長期的無效率」。又如希臘政府雖宣稱其港口將轉向私有化模式，但政府（公共）仍保有75% 股東。都是政府使用矯飾理論進行說一套但卻作另一套的改革。

可見，矯飾理論並非一無所取，如「組織型的矯飾」，因具有包容異議的靈活性（適應性），並能朝向可能出現多變、前後不一致的目標前進，就是成功的理論運用。以 1980 年瑞典人民複決（Referendum）核子電力案為例，儘管多數國民反對核子發電能量擴大，但因電力備容不足仍決定將核子發電擴大至全世界人均（Per-capita）最大值，且同時宣布將核電設施關閉期限定於二十五年。此允許政府得到電力的立即需求，同時說明核電設施關閉期限的承諾的作法很輕易就取得瑞典國民的認可而支持。此一案例說明了「組織型的矯飾」確可讓政府同時處理幾個不同立場的衝突價值。惟必須強調的是，「價值」較適於口述處理，而非一定付諸行動或兌現，亦即適於未來參考而非現在，否則常會招致違背承諾的指責。

反之，持反對意見者則質疑，難道「矯飾」是改革應有的態度？非如此不得以推行？當然不是。

8.6 港市合一

如同前述，港區空間的規劃旨在分析和分配港區人類活動的空間和時間分布的公共過程，以實現通過政治進程指定的生態、經濟和社

會目標。

　　毫無疑問的，一個傳統商港必然有許多行業競爭使用港區空間和資源，雖部分行業或會面臨共同的問題，但皆可經由基本的參與協調，達成一致見解，例如港區碼頭座數與倉庫的配置、客貨運區的配置即是。最重要的是，凡此皆要經過協調過程，並邀集港區相關產業參與，以提升港區整體作業的效率與永續經營。

　　需知少了產業的參與，港區空間規劃將無法充分考慮到現有和潛在之經濟活動的重大風險。例如產業中常有資源和生態過程方面的科學信息和數據，可能是規劃者所不知或掌握者。不幸的是，現實情境是港區產業往往無法參與關鍵的港規劃發展，即規畫者未採取建設性及協調性的方式去匯集港區環境中的產業營運條件要素。

　　其實，若從還未啓動或落實建設之前都有調整或改善空間的邏輯來思考，港區規劃主事者，應廣邀港區相關產業主集思廣益，尋求既可活化港區營運，又可照顧港區眾多勞動人口生計的完美規劃。需知無港不成埠，毀了港口怎可成就商埠？

　　再從港埠功能與貿易運輸角度觀之，當前海運物流價值鏈參與業者，最為擔心的就屬銜接不暢、超時等待與無謂空（怠）轉等資源與市場浪費的現象，因此對集散運銷體系的完善度、物流流向的透明度、貿易便捷性的要求愈來愈高，凡此皆與港市連結的完善與否，有相當大的關係。尤其物流價值鏈的參與業者甚眾且分散，各方無不盡力在自身領域內降低成本提升效率，但因物流鏈的跨領域運作在人才、技術與經驗累積方面有較大挑戰，任何一方難以依靠一己之努力提升整體物流價值鏈的效率。因而從商業服務的角度來看，港、市皆

不能忽視物流價值鏈中各參與業者的需求。

事實上，目前國際上確有許多地區政府與當地港口營運人已在改進港口與城市關係上付出很多努力。例如澳大利亞提出「超越港口」行動計畫，主要在推動港口與腹地的運輸網路優化設計，為貿易活動提供更便捷的資訊管道和更優質的服務。

回顧國內，長年以來在毫無「港市合作」的基本共識背景下，港市關係一直被政治人物刻意炒作成繁榮港市無可替代的「港市合一」政策，而且愈是選舉接近炒作愈是激烈。不容否認的，世界上有很多「港市合一」成功的例子。

多年來，「港市合一」一直是歷任政府皆認定具可行性的港埠政策，但每因爭議延宕乃至銷聲匿跡，之所以無疾而終定有其礙於施行的難處。尤其少數新上任主政者更強調宣示「市港合一」乃政府勢在必行的政策，而且可以不顧既有法令盡速推行。其實，若為統一事權而改革當屬明智的決策，然若將此一制度的改革解釋為以往可委託交通部管理，現今沒有理由不可委託縣市政府管理，不啻是令眾所矚目的港埠改革再回到原點。

事實上，此一紛擾多時的港埠政策，長久以來相關者莫不存有極端分歧正反看法。從當前國人回饋成風的負面文化來看，地方政府與政客爭取所轄地之港埠資源與財政收入，應是可以理解地，然若無視於專業而一味地爭取港埠營運管理的主導權，則恐非適宜之策，究竟港埠管理的專業並非市政人員與地方政客之所長。

回顧近年來許多崛起於港都的政治新貴，為爭取選票及地方政治利益，乃競相劃出虛擬模糊的財政大餅與都更願景，其中「市港合

一」就是最具吸票功能的訴求，再者，就是不顧港埠整體規劃與長程效益的大談親水近水，塡海造陸等動人心弦的主張。諷刺的是，從港埠職場的了解得知，幾乎所有航港從業人員皆反對市港合一，更反對眼光短視的港區土地變更與開發，以及塡海造陸規劃，姑不論其係旣得利益也好，抑或思維陳舊也罷，然其所持反對理由卻甚爲單純一致，就是擔心目前國內的政治生態與民粹意識的濫用，極有可能使此一原本甚爲單純的港埠改革走樣變調。因而咸認爲應先要擬妥配套措施並釐清權責再行改制，究竟我們在乎的應是如何提升港埠效能與競爭力，以及往後港埠應由什麼樣的專業機構或專才來管理，而非一定要由特定層級的行政單位來管轄，當然我們更不在乎中央或地方有關港埠財政收入的劃分細節。

　　如同前述，市港合一並非不可行，究竟國際上已有許多成功的先例，但總要尊重專業，並針對各港埠的特有時空環境因素與條件進行可行性與後果的評估，惟有在確認改制後不會比現行港埠政策更壞的情況下始可實施。例如從現實面來看，以 2013 年原港務局在政府政、企分離的政策下，劃分成航港局與港務公司，國內各港務公司人力斷層與偏高人事成本費用爲例，已是國際港埠管理界公認的異數，若果再貿然實施港市合一，則疊床架屋的管理系統勢必使得人事編制再度擴充。再者，設若現職航港從業人員之職等銓敘與實質所得，未作妥善安排與合理解決，則吾人絕對有理由相信改制後之港埠效率定會每下愈況，乃至產生我們最不願意看到的後果。需知當前國際港埠間競爭激烈，周邊國家港口營運大幅成長，尤其是海峽對岸的港口群確定已取代我各國際商港的區域性地位，我們實在沒有犯錯與躊躇的

空間，更無重新來過的本錢，何況現行許多僵硬且不合時宜的航港相關法規已對港埠的改革與發展造成莫大限制了，吾人焉能再向下沉淪，陷入自亂陣腳的泥淖？

第九章　安全環保與保全

9.1 港區安全

　　廣義的「港區安全」涉及港區進行的所有活動，但實務運作上仍以人員、船舶、機具與港埠設施的安全防範為主軸。其中有關職場人員作業、機具操作與設施防護的安全規範，政府與企業的勞（工）安主管部門都有明確規定，也是勞資雙方依法必須遵行的職場共識，本書不再贅述。

　　至於船舶，除了泊靠於碼頭的靜止狀態外，無論進、出港口或移泊等操作皆屬運動狀態，而港區與其鄰近水域本是交通密度較高的輻輳區域，因此同一時空環境下，常有數艘船舶在此等限制水域（Restricted area）內運動，所以船舶間相互碰撞，或引發各種意外事故的機率也相對增高。試想一艘船舶連同其承運的貨物，動輒以數億計，一旦發生事故勢將帶來巨額財產損失與人員的傷亡，更可能因港埠設施嚴重受創，或海上交通受阻而造成港口的全面性癱瘓，焉能不妥善規劃與防範。

　　需知船舶航行海上，操船者所面對的狀況，常常遭遇非單一船舶對單一船舶間的單純避碰情勢（Collision avoidance situation），故而不僅要考量一船對一船，更要掌握一船對多船的複雜交通情勢。因

此，爲確保港區安全，港口管理機關除了要求進、出港船舶遵守國際航行規章行駛外，更要積極的介入港區交通流的管理。

9.1.1 海上交通管理──船舶交通服務中心（Vessel Traffic Service; VTS）

依據國際海事組織（IMO）1985 年 A578 號決議案通過的「船舶通航服務準則」（Guidelines for Vessel Traffic Service），促請沿海國必須：

1. 確保在其領海內依據國家之法律管理船舶通航服務；
2. 前項通航服務不應損及船舶無害通過權（Right of Innocent Passage）；
3. 對於其領海外之航行船舶，亦能確保在自願的基礎上利用其所提供的服務。

無害通過權

係指船舶在沿海國之領海中航行通過時，應迅速通過，不可作不必要的延滯且不得損害沿海國的利益。依照海洋法公約，外國船隻有權在某國領海進行無害通過。無害通過係指不損害沿海國的和平、安全和良好秩序的通過。而所謂「通過」，是指爲橫渡領海，但不進入內水或駛入內水或自內水駛往公海而通過領海。非經許可不得停泊和下錨。

　　因此，全世界各主要商港都設有專責聯絡與監控港區船舶運動狀態的船舶交通管制或服務單位，只是名稱不同而已，如我國商港即稱為船舶交通服務中心。很顯然地，設置船舶交通服務中心（VTS）的目的不外：

1. 促進航行安全；

2. 提升海上交通效率（改善交通流量）；

3. 保護海上環境；

4. 針對轄區內的情境變動作出必要的反應與措施。

　　事實上，VTS 除特別適用於港口之進、出口航道外，更適於具有下列一個或多個特性之區域：

1. 交通密度較高之水域或航道；

2. 航行困難之水域，如狹窄或彎曲水道；

3. 環境敏感水域，如水產養殖區附近；

4. 載運有毒或危險貨物之船流必經過的水域。

　　基於海上交通管理與需求，如同機場的塔台一樣，沿海國政府或港口管理機關都會在海上交通繁忙的港口或水域設置 VTS 以監督、管理船舶的交通，並提供相關訊息給船長與引水人，諸如其他船舶的位置、運動狀態等情報。相對地，船長、海員與引水人亦可主動地請求 VTS 當值人員提供透過電子通訊、無線電、雷達、DGPS、AIS、監視器等資源取得的整合訊息作為其安全航行的參考依據。

　　因此，一個具功能性的 VTS，必須確保能以最快的速度將所有關於航行安全的訊息（Necessary safety information）提供給其服務區內的所有船舶（Provided to all vessels within the VTS area）。為達

此目的，VTS 務必藉由偵測（Detecting）、追蹤（Tracking）與監督（Monitoring）等作業程序，對轄區內所有船隻的動態保持高度的情境警覺（Situational awareness），以便在任何必要情況下，隨時可以與目標船舶（Target ship）建立聯絡（Establish communication），進而透過資訊分享，以化解海事危機。

必須強調的是，儘管 VTS 最常被拿來與航空管制塔台相比較，但 VTS 卻不直接涉入船舶的運動引導，故而 VTS 的功能屬性應是「諮詢服務」甚於「介入管理」。也就是兩者最大的差別在於 VTS 不似機場塔台的航管員會下達特定的操縱指令給機師，諸如航向、高度與速度。反之，VTS 介入港內船舶航行的程度則取決於港口環境，例如在繁忙的港口或是航道設有懸橋的港口，VTS 可能會以安全為由，強制實施港口交通管理計畫，以管制單向航行或下令特定船舶遵循航道行進等原則性指示，但不會要求船長應以什麼航向與多快的速度航行。因此，VTS 可視為交通管理，而不同於機場塔台施行確實的交通控制。究竟法律上，船長對船舶的安全具最終決策權，也因此船長必須以其專業判斷如何安全航行，尤其在確保船舶、人命與財產安全的特殊情況下，即使所採措施違背令規章亦被視為合理的海員常規（The ordinary practice of seamen）。

再者，基於法律與保險考量，全世界沿海國家轄屬的 VTS 大都被定位為具「行政指導」的顧問性質服務（Advisory service），而非一個本於執行「法規命令」的交通控制中心，以免海難事故發生後衍生無因管理或不當介入等法律責任問題。此也突顯出 VTS 值班人員必須具備航海專業的重要性。

無因管理（**Negotiorum gestorum**）

是大陸法系民法中「債法」上的一個概念，是指在沒有法定或約定義務的情況下，為避免他人利益受損失而進行管理或服務的行為。我國民法 172 條規定：「未受委任，並無義務，而為他人管理事務者，… 」。無因管理就其字面觀之，「無因」即無法律上之義務，所以無法律上之義務而為他人管理事務即為「無因管理」。

實務上，一般 VTS 對來港船舶提供下列四種基本服務，以示漸進的介入管理：

1. 港口交通的監視；
2. 提供船長、海員相關資訊使其能夠作更安全或更有效的航行；
3. 對進入危險領域（Dangerous domain）的船舶下達採取安全航向、船速的建議或忠告（Advises）；
4. 特殊情況下，指示特定船舶移泊至其他安全泊位或另地錨泊，以確保區域內的交通安全，但不可以直接下達操縱（細節）指令。

至於 VTS 的功能（Functions of VTS）不外：

1. 提升海上人命安全（Safety of life at sea）；
2. 確保航行安全（Safety of navigation）；
3. 提高船舶交通效率（Efficiency of vessel traffic movement）；
4. 保護海洋環境（Protection of the marine environment）；
5. 支持海洋保安系統（Supporting maritime security）；

6. 協助海上執法（Supporting law enforcement）；

7. 環港社區與基礎建設的保護（Protection of adjacent communities & infrastructure）。

圖 9.1 基隆港船舶交通分流管理系統

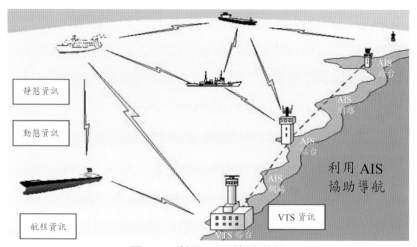

圖 9.2 利用 VTS 協助導航

圖 9.3　VTS 實境監控

9.1.2 海洋環境保護

　　基本上，港區的環境污染防範應包括海、陸與空三個領域。早期人們僅將港口的污染防範聚焦於港區與其鄰近水域，亦即狹義的將之定義爲船舶對海水污染防範（Prevention of water pollution from ships）。然隨著時代進步，人類的過度開發與物質需求的高度成長，海水污染源不再侷限於來自船上的不當或違法排放（Improper/ Illegal exhaust）。不可否認的，船舶作爲海上最主要的使用族群，長久以來一直是海上排污的首謀。但隨著相關國際防污規章的陸續生效施行，嚴懲重罰確實發生實效，使得當前船舶排污的程度遠小於往昔任何時期。相對地，當前陸岸污染源不當排海（河流）的問題，不論是數量與範圍都遠超過來自船舶的污染，如未經處理的工廠廢水排

圖 9.4　狹義的海水污染

Source: www.lareserva.com

放、異常天候造成的污濁洪水、化學品不當使用的氾濫等皆是；至於
來自空域的污染最主要的就屬船舶燃油的廢氣排放，以及港口周遭工
廠，乃至腹地內各種產業運作的廢氣排放。

一、海域污染（Water Pollution）

　　造成海水污染的污染源不外來自作為港區使用者的「人」、
「貨」與「船」。而源自船上的污染源不外：污油、廢水、廢氣與黑
煙，以及其他固體污染源；至於「人」為的污染大都是燃油使用與添
加過程的不當排放、裝卸貨作業的遺留（廢棄）物或清潔作業產生的
終端垃圾。當然前述來自「船」的污染源有相當大比率是出自「人」
的疏忽或不注意所促成的。

　　港區由於承襲早期威權統治下的高度管制管理模式，導致港區的
進出門檻頗高，也因為一般人接近不易而少於監督，因此港區的污染
防範一直是國內工安與環保治理的弱項。相信只要稍具環保意識者，

在談及港埠的環境保護時，無不痛心疾首，其中最嚴重的當屬油污染。吾人之所以心疼憤恨，乃是因所有港埠工作者都可以常常看到佈滿海洋、成片的油漬，惟獨管理機關沒有看到？儘管港區內熱心者亦不乏其人，然而幾乎所有的告發都會得到「非本單位承辦事項」的無奈回應。在舉世注重環保議題的今天，油污染不論在沿岸、港口或者內國的陸岸區域，皆是驚天動地的環保事件，欲爭取主導處理權還唯恐不及，為何國內港埠管理機關與環保單位仍頻於以人力與裝備不足為由相互推諉，著實令人難以理解。在國外，港區的油污染都是由水警或海岸防衛隊主動偵測與調查，國內雖亦有此等單位，而且港埠管理機關亦有相關任務賦與單位，因此絕無坐在辦公室等候好事者報案的理由，更不應發生要求報案者轉投訴其他單位的荒謬演出。

其次，談及港埠裝卸作業所造成的污染，以國內大量進口的大陸沙石與瓷土為例，因這些貨載在卸貨過程中，多會有殘餘沙石或瓷土遺漏在碼頭岸邊，依照港埠管理當局的規定，貨物裝卸完畢後，應由貨主或裝卸公司負責處理廢棄或遺漏物。事實上，裝卸公司幾乎全是就地處理，亦即每日數以噸計的遺漏廢土不是利用海水沖洗入海，就是使用推土機推入岸邊海中。此一結果不僅造成港區水域的污染，更使碼頭岸線淤積、水深變淺，危及靠泊船舶的安全。而最令人不平的就是每隔相當時日，港埠管理機關就得再次花費公帑、編列預算、僱用挖泥船浚深。似此，勞民傷財的作業模式實不可取。不可否認地，環保單位亦曾取締過，但總是不能持續進行，而且一年不會超過數件。吾人不解的是，為何管理機關不在裝卸作業完工時派員赴現場檢查，蓋此舉不僅可以有效遏止港埠污染，更可為管理機關廣闢財源。

圖 9.5　在港船舶排放污水

圖 9.6　人為污染；貨物殘餘沖洗入海

圖 9.7　　負面作法——廢棄物沖入港區再行疏浚

圖 9.8　　港區應明令禁止油漆防止污染

9.1.3 空域污染（Air Pollution）

　　眾所周知，交通運輸業不僅能源消耗量大，更會排放（Exhaust）大量的廢氣（Waste gas）與溫室氣體（Greenhouse gases），尤其大型商用船舶每日的燃油量高達 200 噸，可說是海洋與大氣的最主要的污染源，因而國際間屢屢提出管制氣體排放（Gas emission）的相關議題。

　　為防止船舶（柴油機）在沿海地區與港區持續使用高硫含量燃油運轉主機（Main engine）與輔機（Auxiliary machine）（主要為發電機），造成空氣污染，「防止船舶污染國際公約（MARPOL）」特訂定硫氧化物、氮氧化物的全球排放管制區（Emission Control Areas; ECA）的強制性規範，確保在管制區內船舶燃油的硫含量從 2012 年的 3.5% 減至 2020 年的 0.5%。國際海事組織（IMO）亦宣布自 2020 年起將降低船舶燃料油的硫含量允許值以控溫室氣體。新規定生效後，船舶必須使用硫含量低於 0.5% 的燃料油，但涉及船舶安全、海上救援與船舶受損等情況可豁免。

　　MARPOL 公約附錄六自 2005 年 5 月 19 日起生效，其中第 14、

圖 9.9　港內船舶排放黑煙

18 條明確規定全球氧化硫（Sulphur Oxide; SOx）的管制方法與區域，而此等受保護地區被稱爲「硫排放管制區」〔（Sulphur Emission Control Areas（SECAs or ECAs）〕。例如，美國加州政府規定自西元 2014 年 1 月 1 日起，在離加州海岸線 24 海浬距離以內航行的船隻必須使用硫含量低於 0.1%（1,000ppm）的蒸餾燃油。

相同地，中國海事局亦自 2018 年 1 月 1 日起，要求所有船舶停靠長江三角洲排放管制區水域內的所有港口時必須使用硫含量不超過 0.5% 的燃油（離、靠碼頭前一小時除外），且自 2019 年 1 月 1 日起，全時段皆不得使用硫含量不超過 0.5% 的燃油。毫無疑問地，船舶在管制區內改燃高級柴油或低硫含量優質燃油勢必增加航商的營運成本，也因此少數航商爲降低成本，儘管在港區內仍違規燃用高硫含量的油品。

至於我國，臺灣港務公司爲配合南部減污，於 2017 年擬請環保署、航港局 2018 年共編列三千二百萬元獎勵金，期盼來港船舶進出高雄港時減速，以及改換低硫燃油，並於靠岸後改接岸電，減少船上發電機持續燃油發電，帶來廢氣污染；另外，港務公司亦請航港局研擬提供四千五百萬元購油補助，鼓勵航商進港區時改使用清潔燃油，期以減少港區空污。

類此由作爲港口管理營運的國營事業單位籲請航政港務監理機關編列預算獎勵污染源製造者停止污染作爲的行政程序或做法值得商榷，尤其抵港船舶不接受獎勵就可繼續燃燒高含硫燃油或不接岸電的邏輯，在全球海運社會絕對是首創，當然也是悖離世界環保潮流的。

事實上，沿海國政府要求來港船舶改燃低硫燃油與連接岸電的

規定早在國際間推行，並非環保創舉，主事者規劃相關措施之前，為何不參酌國際先例，與現行國際港口規定，動輒權宜或技術性動用公帑，實屬不當之舉並貽笑國際。

　　為順應此一環保趨勢，船東、港口與碼頭營運商不得不愈來愈重視此一全球性的環保規範，連帶地採用新能源（低含硫燃油、液態天然瓦斯）、泊港船舶強制使用岸電、廢氣排放監測等配合措施。此外，船舶亦可運用廢氣淨化系統（Exhaust gas cleaning system）達到硫氧化物排放標準，但需獲得船舶登記國家之認證。

　　相對地，面對各沿海國陸續施行嚴屬的硫排放管制規定，各大航商自 2019 年起將加徵燃油附加費（Bunker adjustment factor; BAF）取代原有的附加費（Standard bunker adjustment factor; SBAF），此燃油附加費的調整，完全在反映國際海事組織自 2020 年起生效，要求所有在沿岸航行或在港船舶燃油的硫排放不得超過 0.5% 管制規定所衍生的成本負擔。

圖 9.10　IMO 的全球廢氣排放管制區

防止船舶污染國際公約

1. MARPOL：為 International Convention for the Prevention of Pollution from Ships 的簡稱。現稱「關於 1973 年防止船舶污染國際公約之 1978 年議定書（Protocol of 1978 Relating to the International Convention for the Prevention of Pollution From Ships 1973，簡稱：MARPOL 73/78）」，是國際海事組織針對海上船舶因例行作業產生之油類物質污染行為，並設法減少船舶因意外事故或操作疏失所形成之偶發性污染行為所制定之國際公約。（The Convention includes regulations aimed at preventing and minimizing pollution from ships - both accidental pollution and that from routine operations）

2. 硫排放管制區：嚴格管制自船舶排放的空污

Sulphur Emission Control Areas (SECAs), or Emission Control Areas (ECAs), are sea areas in which stricter controls were established to minimize airborne emissions from ships as defined by Annex VI of the 1997MARPOL Protocol.

9.1.4 港口保全（Port Security）

「安全」（Safety）與「保全」（Security）二字在保護生命與財產的概念上，有非常接近的相互關係，因此一般人在認知上不易辨別，也因此在各種場合常被混用。事實上，兩字存有明顯差異。

「安全」一詞被定義爲不要曝露於危險或傷害的威脅中（Threat of danger or harm），可見「安全」旨在防範「非故意的」不幸事件與危險（Safety is protection against mishaps and hazards that are unintended）的發生，例如在工廠，採取許多安全措施（Safety measures）以保護工人在操作不同機具時可免於遭遇危險；反之，「保全」一詞則指個人或組織基於對特定事物的恐懼、憂慮與危險（Fear、Anxiety、Danger），而處於一個防範（戒備）「蓄意或故意性」威脅（Deliberate and intentional threats）的狀態，諸如歹徒或異端人士有計畫性的攻擊。而在全世界恐怖攻擊事件頻傳的背景下，劍橋英語字典特將「保全」詮釋爲「保護個人、建築物、組織或國家免於遭受諸如犯罪或來自外國的攻擊等威脅」。最典型的「保全」例子，就是國家元首或政要座車四周隨時有武裝隨扈與警衛保護的陣仗，以防止有計畫的惡意攻擊或任何不幸事件發生。

港口作爲貨物集散與旅客出入國境的節點與介面，一旦發生重大安全事故不僅波及層面廣大，影響亦深。因此港口安全不再是單一企業的問題，而是直接關係到當地城市的運作，重點港口甚至關係到國家的安危。顧及當前全球恐攻事件頻繁，2013 年的世界經濟論壇即呼籲各國政府積極注意供應鏈風險、增強供應鏈彈性、建立標準化的風險管理術語、加強數值鏈上的資訊共享、制定更敏捷靈活的風險管理策略，此等具高度防護意識的保全理念當然亦適用於運輸與港口領域。

一、港口安全與保全相關事項（Safety and Security Concerns）

　　如同前述，自從美國發生九一一恐怖攻擊後，各國政府都非常注重港口、貨櫃場站、進出港船舶的安全，並且加強經由陸、海、空運進入國境（Country's border）的貨物的查驗，因為其可能給國家帶來保全上的風險（Security risks）。事實上，目前施行的全球性反恐措施，無形中給運輸鏈中各環節的企業體帶來許多作業上的困擾、時間的浪費與成本的增加，故而常被業界人士批評為「陪公子讀書」，因為恐攻活動有相當程度係因扮演國際警察的美國所激發的，然因其貴為世界貿易第一大國的地位，使得貿易夥伴不得不跟進採取相對的配套措施。

　　2012 年 2 月，美國總統簽發了美國國土安全部提出的「美國全球供應鏈安全戰略」。之所以提出此一戰略的背景是進入二十一世紀後，世界上幾個強權間的平衡關係發生了巨大變化，新機遇新挑戰層出不窮，促使國際體系和國際秩序必須作深度調整，否則難以朝有利於和平與發展的方向前進。毫無疑問地，面對這樣一個世界，讓一心想繼續領導世界 100 年的美國，感到前所未有的嚴重挑戰與威脅，因為局勢的變化是全域性的、真實的、不可逆轉的。所以，美國對其全球戰略和戰略布局進行了大規模的調整，此也使得標榜「防範於未然」的保全措施勢必要扮演更重要的角色。

　　美國認為，挑戰與威脅來自兩個面向，一個是自然災害，如地震、水災、雪災等，美國必須有迅速恢復的能力。另一個是來自世界，如流行性疾病、勞動力、恐怖攻擊。至於與運輸和貿易有關的威

脅主要包括四個方面：

1. 對美元霸主地位的挑戰，許多國家要求改變以美元霸權為中心的世界金融貨幣體系；如人民幣於 2016 年 10 月被納入國際貨幣基金（IMF）特別提款權（SDR）（與美、歐、英、日並列五大）即是最具代表性的挑戰。但必須強調的是，美國債務龐大，欲確保經濟復甦，必須消滅一切潛在的貨幣對手。因為一旦其他貨幣替代美元在全球的作用，美國慣常採取的「貨幣寬鬆（QE）」政策之負面效果就無法轉嫁給全球。

2. 中國成為世界第二大經濟體，因此「重返亞太」和「關係再平衡」成為美國的必然選擇。

3. 可以與美國有軍事對抗實力的俄羅斯是美國的重大挑戰，如何在軍事上超越俄羅斯必然成為戰略重點。

4. 恐怖主義的漫延與核擴散威脅，對美國及其盟友將造成巨大損失。

　　以上各項，對美國將造成經濟安全、軍事安全、網路安全、航行安全、金融安全上的威脅，因此是美國實施戰略調整的主要因素。其中第 4 項則與我國海上運輸業有很大關係，尤其作為路運與海運介面的港口，一直是恐攻的主要對象，故而確保「全球供應鏈」運作正常暢通是重大戰略調整的重心之一。

　　美國認為，其國內外一切經濟、軍事活動都離不開物流與供應鏈，物流更是供應鏈的核心產業。任何國家不可能單打獨鬥，必須要在全球範圍內發展產業鏈、供應鏈與價值鏈，並用高科技與互聯網，來支撐產業鏈、供應鏈與價值鏈的發展，以取得與其他大國間的平衡與優勢。基本上，「美國全球供應鏈安全戰略」設定兩個目標：

1. 促進商品的高效率和安全運輸。即促進合法貿易及時性、高效率的流動，同時維護和保障供應鏈，使之免受不正當的利用，並減少其在破壞面前的脆弱性。為了實現這一目標，在貨物通過全球供應鏈運輸時，將加強其完整性。更需在這一過程中及早了解和解決各種威脅，並加強實體基礎設施、交通工具和資訊資產的安全，同時尋求通過供應鏈基礎設施和流程的現代化充分發展貿易。確保美國在各大洋，尤其在中國積極強化島礁軍事設施建置的南海上所主張的「航行自由」，更是其欲有效掌握全球供應鏈系統不可或缺的一部分。

2. 培養一個有彈性的供應鏈。也就是必須維持一個能夠隨時準備因應，且能承受不斷變化威脅和危害，並可以從中斷中迅速恢復的全球供應鏈系統。為達此目的，必須依輕重緩急預先評估並安排工作，以減輕系統脆弱性和改善計畫，在中斷後能夠重組貿易的流動。

　　從這兩個目標來看，保全策略的重點似乎聚焦於進出口貿易。正如美國前總統歐巴馬所言：「國際貿易已經並將繼續成為美國和全球經濟增長的強大引擎。近年來，通信技術的進步和貿易壁壘的排除，以及生產成本的降低，促使全球資本市場擴大，新的經濟機會出現。對美國經濟來說，務必強烈支持這種貿易的全球供應鏈系統。」這裡的貿易涉及到商品、能源、人才、資產和資訊的有效流動。

　　從運輸業的角度來看，美國的經濟完全倚賴每日經由全球供應鏈（Global supply chain）──從製造商到零售商的物流（The flow of goods from manufacturers to retailers）──運送的上百萬噸貨物的快速流通（Expeditious flow）。一旦罪犯或恐怖分子利用貨載（Cargo shipment）掩護或挾帶危險物品，或直接對貨載進行攻擊，極可能造成供應鏈的瓦解（Disruption），進而打擊全球經濟成長與生產力（Productivity）。

因此，每個與美國有貿易往來的國家都被要求制定相關法規（Rule and regulation），由海關管理執行，期以將恐攻風險（Risk of terrorism）與其他犯罪行為降至最低。例如美國在經歷 911 恐攻後，已將進口貨物列為國安（National security）議題處理，尤其針對每年進口 600 萬只進入美國的海運貨櫃進行最嚴謹的安全稽核。

以美國為例，為保護補給鏈的暢通無阻，特立法要求國境安全管理機關負起施行海運貨物保安措施的責任，並發展出多層次保安策略（Layered security strategy），依據進口貨物保安風險層級的高低，如評估貨物的產地、裝船港或輸出地、中途灣靠港等因素，將進口貨物分類，並將有限資源聚焦於所謂的高風險貨物（High-risk cargo），惟有如此才能讓其他貨載不受延遲的順利進入美國國境，而不影響正常的商業運作。相同的，在遭受多次恐怖攻擊後，歐洲國家亦同樣聚焦於進口貨物的保安議題。

至於我國的港口與貨櫃場站，為加強海運保安，早在 2002 年 12 月國際海事組織（IMO）通過《國際船舶和港口設施保安規則》（International Ship and Port Security Code; ISPS）後，即在各港全面執行。此外，為進一步加強港口保安，航港局一直與本地航商及國際組織緊密合作，制定相關保安措施以配合海關及各相關組織推行「貨櫃安全倡議」（CSI）、「反恐怖主義夥伴計畫」（C-TPAT）及貨櫃檢查系統等新的保安建議。

美國海關－交易夥伴防恐安全指引（**Safety Guidelines of C-TPAT**）：

內含貨櫃保安（Container Security）、物理保安（Physical security）、人事保安（Personnel Security）、程式保安（Procedural security）、資訊技術保安（Information technology security）、安全培訓和反恐意識（Security training & Threat awareness）、保安系統（Security system）等規定。

圖 9.11　貨櫃安檢圖

圖 9.12　對出口櫃進行 X 光掃描

參考文獻

1. 商港整體發展規劃（106～110 年），交通部運輸研究所，民國 106 年 4 月
2. 袁世義，商港管理實務，臺北，民國 83 年 3 月 1 日
3. 港灣整備事業について，運輸と經濟，交通經濟研究所，東京，2018/JUL，第 126-129 頁
4. 現代港灣の諸問題，日本港灣經濟學會，成山堂，1971
5. 富田功著，港灣機能の課題と發展，成山堂書店，東京
6. 北見俊郎，港灣論，海文堂書店，東京日文書籍
7. Mooring and Berthing from a legal viewpoint, Risk watch, The Britania Steamship Insurance Associated Limited, London, OCT 2017
8. Theo Notteboom、Zhongzhen Yang, Port governance in China since 2004, Institutional layering and the growing impact of broader policies, Research in Transportation Business & Management, DEC 2016
9. Masato Shinohara, Characteristics of Japanese port policy, Strategic ports and policy dilemma, Research in Transportation Business & Management, 25 August 2016
10. Po-Hsing Tseng, Nick Pilcher, Port governance in Taiwan: How hypocrisy helps meet aspirations of change, Research in Transportation Business & Management, 12 July 2016

11. Some Observations on Port Congestion, Vessel Size and Vessel Sharing Agreements May 28, 2015, World shipping council.

12. Andrew Khouri, West Coast port slowdown raises fears of dockworker strike or lockout, Port of Los Angeles, NOV 2014.

13. Frans-Paul van der Putten, Chinese Investment in the Port of Piraeus, Greece: The Relevance for the EU and the Netherlands., Clingendael Report, 14 FEB 2014,

14. Improving port services and infrastructure, IFC Public-Private Partnerships, AUG, 2013

15. David Patraiko; Paul Holthus, A professional Approach to MSP, Seaways, September, 2012, p.p.6-8

16. Olaf Merk, The Competitiveness of Global Port-Cities: Synthesis Report, OECD, 2010

17. Roger R. Stough, Institutional barrier to port infrastructure and harbor development, ITASS, 2005.

18. Ravindra Galhena , Container Terminal Development and Management: The Sri Lanka Experience (1980-2002), Maritime Consultant UNITED NATIONS New York and Geneva, 2003

19. Ernst G. Frankel, Port planning and Development, Massachusetts, U.S.A. (ISBN 0-471-83708-3)

20. William V. Packard, Sea-trading (Vol.2) Cargoes, Fairplay Publication LTD, London (ISBN 0-905045-78-5)

國家圖書館出版品預行編目資料

港埠概論／方信雄作. －－二版.－－臺北
市：五南圖書出版股份有限公司, 2023.04
面；　公分
ISBN 978-626-343-908-5（平裝）

1.CST: 港埠管理

557.52　　　　　　　112003175

5I47

港埠概論

作　　　者 — 方信雄（3.5）

發 行 人 — 楊榮川

總 經 理 — 楊士清

副總編輯 — 王正華

責任編輯 — 張維文

封面設計 — 姚孝慈

出 版 者 — 五南圖書出版股份有限公司

地　　　址：106台北市大安區和平東路二段339號4樓

電　　　話：(02)2705-5066　　傳　　真：(02)2706-6100

網　　　址：https://www.wunan.com.tw

電子郵件：wunan@wunan.com.tw

劃撥帳號：01068953

戶　　　名：五南圖書出版股份有限公司

法律顧問　林勝安律師

出版日期　2019年2月初版一刷
　　　　　2023年4月二版一刷

定　　　價　新臺幣480元

經典永恆·名著常在

五十週年的獻禮——經典名著文庫

五南，五十年了，半個世紀，人生旅程的一大半，走過來了。

思索著，邁向百年的未來歷程，能為知識界、文化學術界作些什麼？

在速食文化的生態下，有什麼值得讓人雋永品味的？

歷代經典·當今名著，經過時間的洗禮，千錘百鍊，流傳至今，光芒耀人；

不僅使我們能領悟前人的智慧，同時也增深加廣我們思考的深度與視野。

我們決心投入巨資，有計畫的系統梳選，成立「經典名著文庫」，

希望收入古今中外思想性的、充滿睿智與獨見的經典、名著。

這是一項理想性的、永續性的巨大出版工程。

不在意讀者的眾寡，只考慮它的學術價值，力求完整展現先哲思想的軌跡；

為知識界開啟一片智慧之窗，營造一座百花綻放的世界文明公園，

任君遨遊、取菁吸蜜、嘉惠學子！